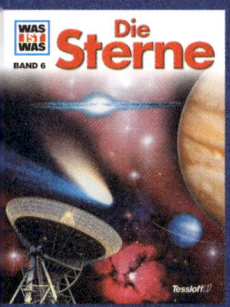
WAS IST WAS BAND 6
Die Sterne

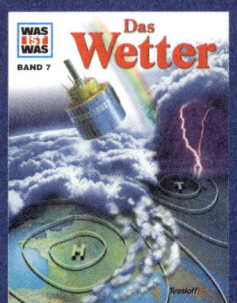
WAS IST WAS BAND 7
Das Wetter

WAS IST WAS BAND 8
Das Mikroskop

WAS IST WAS BAND 9
Der Urmensch

WAS IST WAS BAND 19
Bienen und Ameisen

WAS IST WAS BAND 20
Reptilien und Amphibien

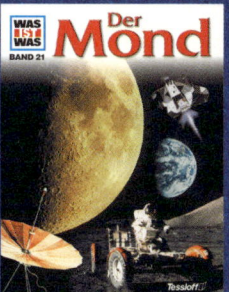
WAS IST WAS BAND 21
Der Mond

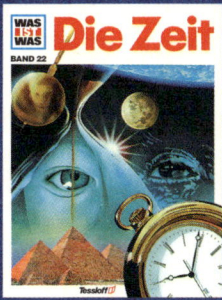
WAS IST WAS BAND 22
Die Zeit

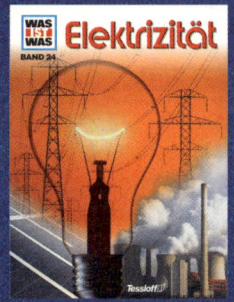
WAS IST WAS BAND 24
Elektrizität

WAS IST WAS BAND 25
Schiffe

WAS IST WAS BAND 34
Wüsten

WAS IST WAS BAND 35
Erfindungen die unsere Welt veränderten

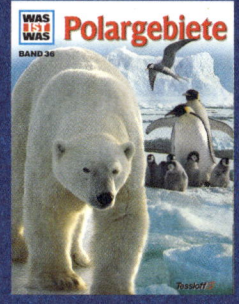
WAS IST WAS BAND 36
Polargebiete

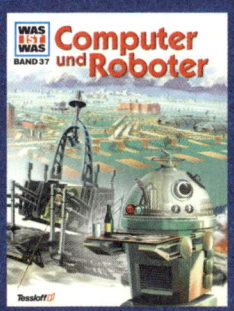
WAS IST WAS BAND 37
Computer und Roboter

WAS IST WAS BAND 38
Säugetiere der Vorzeit

WAS IST WAS BAND 39
Magnetismus

WAS IST WAS BAND 46
Mechanik

WAS IST WAS BAND 47
Elektronik

WAS IST WAS BAND 48
Luft und Wasser

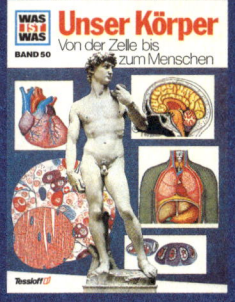
WAS IST WAS BAND 50
Unser Körper Von der Zelle bis zum Menschen

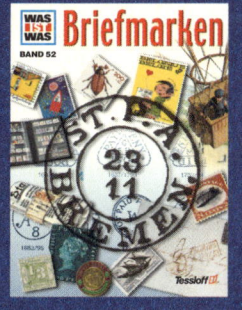
WAS IST WAS BAND 52
Briefmarken

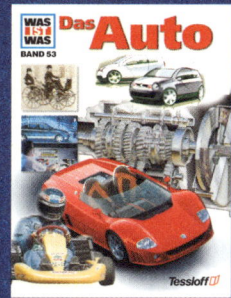
WAS IST WAS BAND 53
Das Auto

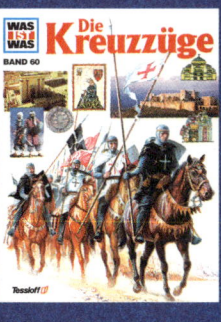
WAS IST WAS BAND 60
Die Kreuzzüge

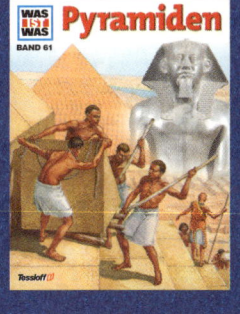
WAS IST WAS BAND 61
Pyramiden

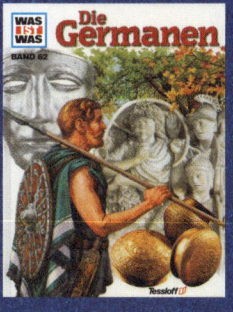
WAS IST WAS BAND 62
Die Germanen

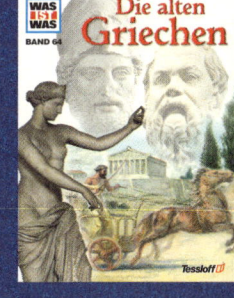
WAS IST WAS BAND 64
Die alten Griechen

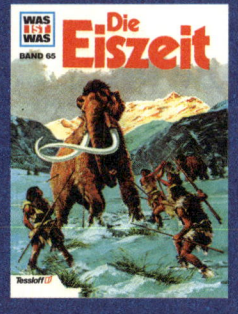
WAS IST WAS BAND 65
Die Eiszeit

WAS IST WAS BAND 66
Berühmte Ärzte

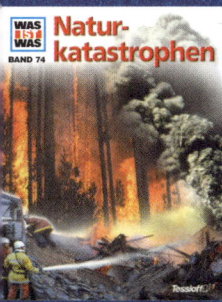
WAS IST WAS BAND 74
Naturkatastrophen

WAS IST WAS BAND 75
Fahnen und Flaggen

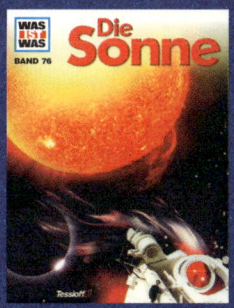
WAS IST WAS BAND 76
Die Sonne

WAS IST WAS BAND 77
Tierwanderungen

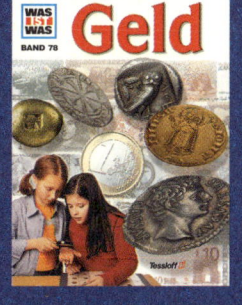
WAS IST WAS BAND 78
Geld

Weitere Titel siehe letzte Seite.

Ein WAS IST WAS Buch

Olympia

Vom Altertum bis zur Neuzeit

Von Edwin Klein

Illustriert von Peter Klaucke

Tessloff Verlag

Vorwort

Man muß es erlebt haben: den Einmarsch der Nationen, das Entzünden des olympischen Feuers, die atemberaubende Zuschauerkulisse, die den Sportler zur Höchstleistung treibt. Schauer laufen einem über den Rücken, und man spürt hautnah die Faszination der olympischen Idee, nach der alle zwei Jahre Sportler im fairen Wettkampf gegeneinander antreten. Vergessen sind dann die vielen Trainingseinheiten, vergessen die Verletzungen, die Rückschläge. Dabeisein ist in diesem Augenblick wirklich alles. Dabeisein und sein Bestes geben.

Leider sehen das viele anders. Medaillen und Sieger will man sehen. Es ist die Öffentlichkeit, die diese Forderung erhebt, es sind die Funktionäre und Politiker, die auf Spitzenergebnisse warten. Und es sind die um Einschaltquoten und Zuschauergunst buhlenden Medien, die Sportereignisse wie die Olympischen Spiele immer perfekter inszenieren. Athleten geraten in Zugzwang, denn sie stehen nur im Rampenlicht, wenn sie Höchstleistungen abliefern; Verlierer werden oft noch nicht einmal erwähnt. Manch ein Spitzensportler verkraftet das nicht.

Die eigentliche Faszination des Sports erlebt man aber nur durch sich selbst. Dazu muß man nicht Deutscher Meister werden oder Medaillen bei Olympischen Spielen gewinnen. Es genügt vollauf, die »schönste Nebensache der Welt« als solche zu betrachten. Der Wunsch, sich zu verbessern, kommt automatisch und der Ehrgeiz ebenfalls. Man lernt sich kennen, weiß um seine Belastungsfähigkeit und kann besser abschätzen, wie man in Grenzsituationen reagieren würde. Und plötzlich sieht man auch den Sport mit anderen Augen.

Das vorliegende Buch soll nicht nur eine kleine Chronologie der Olympischen Spiele sein, sondern zugleich auch die Randbereiche ansprechen: Wie gefährlich ist der Sport? Warum werden Olympiasieger(innen) immer jünger? Dürfen auch Profis bei den Spielen starten? Welche Macht haben die Medien? Leistungssport, auch die schönste Nebensache der Welt?

Edwin Klein

WAS IST WAS, Band 93

■ Dieses Buch ist auf chlorfrei gebleichtem Papier gedruckt.

Bildquellennachweis:
Archiv für Kunst und Geschichte, Berlin: S. 7, S. 9 l, S. 12; Pressefoto Lorenz Baader, München: S. 40 o. Seite 40 u, S. 42 u;
Bavaria Bildagentur, Gauting: S. 47 o; Bildarchiv Foto Marburg: S. 6 u; Bildarchiv Preußischer Kulturbesitz, Berlin: S. 6 o, S. 8,
S. 9 r, S. 11, S. 13, S. 23; Deutsche Presse Agentur, Frankfurt am Main: S. 16 o, S. 33, S. 36 o/l, S. 37 u/r, S. 37 o/l.
S. 45 u; Historia-Photo, Hamburg: S. 10; Internationales Bildarchiv Horst von Immer, München: S. 31 o, S. 46 o/r;
Prof. Dr. Norbert Müller, Mainz: S. 3, S. 17 o; Sven Simon, Essen: S. 16 u, S. 27 o, S. 35, S. 36 u/l, S. 38 o, S. 38 u, S. 44, S. 46 u/l,
S. 46 u/r, S. 47 u; Süddeutscher Verlag, Bilderdienst, München: S. 15, S. 19 l, S. 25 o, S. 32 o; Ullstein Bilderdienst, Berlin:
S. 17 u, S. 18, S. 19 r, S. 20, S. 22, S. 25 u, S. 26, S. 27 u, S. 30, S. 31 u, S. 32 o; Pressebildagentur Worek, München:
S. 37 o/r, S. 42 o, S. 43, S. 45 o.
Umschlagfotos: Pressefoto Lorenz Baader, München; Eric Bach Superbild, München;
Bavaria Bildagentur, Gauting; ZEFA, Düsseldorf.
Umschlagillustration: Peter Klaucke
Illustrationen: Peter Klaucke; Frank Kliemt (S. 42/43)

Fachliche Beratung: Dr. Horst Buhmann, Prof. Dr. Norbert Müller

Copyright © 1996, Tessloff Verlag, Burgschmietstraße 2–4, 90419 Nürnberg
http://www.tessloff.com

ISBN 3-7886-0635-5

Inhalt

Die Olympischen Spiele im Altertum

In Griechenland, genauer in Olympia auf der Halbinsel Peloponnes, wurden schon vor über 2500 Jahren Olympische Spiele abgehalten. Ihr Gründer war für

Was geschah 776 v. Chr.?

die Griechen Herakles, den die Römer Herkules nannten, Sohn des Zeus und der Alkmene. Sein Leben war gespickt mit gefährlichen Abenteuern: Gleich nach der Geburt mußte er zwei Giftschlangen erwürgen, die ihm die eifersüchtige Gattin des Zeus, Hera, geschickt hatte, um ihn zu vernichten. Von seiner Stiefmutter, die ihn sein Leben lang verfolgte, erhielt er auch seinen Namen: Herakles bedeutet »der durch Hera Berühmte«.

Als es Hera gelungen war, ihn mit Wahnsinn zu schlagen, tötete Herakles sogar seine eigenen Kinder. Das Orakel von Delphi, das man bei allen wichtigen Anlässen befragte, riet ihm daraufhin, als Sühne

Der Bote, der von Marathon nach Athen lief und die Nachricht vom Sieg über die Perser überbrachte, soll danach tot zusammengebrochen sein.

in die Dienste des Königs Eurystheus zu treten, der ihm zwölf Aufgaben stellte. So erlegte Herakles unter anderem den Löwen von Nemea, besiegte die neunköpfige menschenfressende Schlange Hydra und reinigte an einem Tag die verschmutzten Ställe des Königs Augias, indem er zwei Flüsse durch die Stallungen lenkte. Darüber geriet er mit Augias in einen Streit, der für den König tödlich endete. Anschließend soll Herakles die Olympischen Spiele gegründet haben.

Auch eine andere Geschichte bezieht sich auf eine sagenhafte Gestalt: In Olympia war in früher Zeit Pelops, nach dem die Halbinsel Peloponnes benannt ist, verehrt worden. Dieser hatte der Sage nach durch einen Sieg im Wagenrennen die schöne Hippodameia gewonnen, die Tochter des Königs Oinomaos, und die Herrschaft auf der Halbinsel übernommen. Zu Pelops' Ehren wurden vermutlich regelmäßig Wagenrennen abgehalten.

Alle diese Mythen liegen jedoch in grauer Vorzeit, aus der uns kaum etwas überliefert ist. Man kann daher über die wirklichen Ursprünge der Spiele nur Vermutungen anstellen, etwa die, daß sie in kultischen Leichen- oder Fruchtbarkeitsriten zu suchen sind. Im Jahre 776 v. Chr. beginnt mit den ersten Aufzeichnungen die amtliche Zählung der Spiele, die zu Ehren des Zeus, des höchsten Gottes der Griechen, abgehalten wurden. Als erster Name findet sich in den offiziellen Siegerlisten der des Kurzstreckenläufers Koroibos von Elis.

Die Olympischen Spiele waren panhellenische Spiele, das heißt, sie waren für alle Griechen da. Das Fest zu Ehren des Zeus verlangte den Frieden, und der

Riefen die Spiele die erste Friedensbewegung ins Leben?

»Gottesfriede« war entscheidend für den Bestand der Spiele. Er garantierte allen

Herkules besiegte auch die Kentauren, die halb Mensch, halb Pferd waren.

Diese Vasenabbildung aus dem 5. Jahrhundert v. Chr. zeigt Pelops und Hippodameia, die Tochter des Königs Oinomaos.

*Rekonstruktion des antiken Olympia. Der Zeus-
tempel liegt im Zentrum, das Stadion außerhalb
des heiligen Hains (rechts oben).*

nach Olympia reisenden Wettkämpfern
und Zuschauern für die Hinreise, die Dauer
der Spiele und die Rückreise Schutz und
Sicherheit. Für die Bewohner der griechi-
schen Stadtstaaten, die sich jahrhunderte-
lang erbitterte Kämpfe lieferten, waren
diese Tage der Waffenruhe oftmals die
einzigen Unterbrechungen zwischen den
Kampfhandlungen.

Iphitos von Elis, Lykurgos von Sparta und
Kleosthenes von Pisa hatten, so die Sage,
das Friedensabkommen getroffen. Der
genaue Inhalt soll auf einem eisernen Diskus verzeichnet gewesen sein, den man im
Heratempel zu Olympia aufbewahrte. Der
Text lautete: »Olympia ist ein heiliger Ort.
Wer es wagt, die Stätte mit bewaffneter
Hand zu betreten, wird als Gottesfrevler
gebrandmarkt. Ebenso gottlos ist aber
auch jeder, der, wenn es in seiner Macht
steht, eine solche Untat nicht rächt.« Zwar
ist man heute der Ansicht, daß dieser
Vertrag in den Bereich des Mythischen fällt
und der Diskus eine antike Fälschung war,

die Regeln für friedliche Wettkämpfe hatten jedoch Geltung. So haben die Olympischen Spiele die erste Friedensbewegung
ins Leben gerufen.

Der Marathonlauf verdankt übrigens seine
Entstehung dem Ende einer Schlacht: Ein
Bote lief 490 v. Chr. in kürzester Zeit die
knapp 40 Kilometer lange Strecke von
Marathon nach Athen. Dort verkündete er
den Sieg über die Perser in der Schlacht
bei Marathon. »Wir haben gesiegt!«
konnte der Läufer noch ausrufen, dann soll
er tot zusammengebrochen sein. Nach
dieser historisch nicht gesicherten Überlie-
ferung ist der moderne Marathonlauf
benannt. Die heute gelaufene Distanz von
42,195 Kilometern entspricht allerdings
nicht der historischen Entfernung Athen –
Marathon. Sie kam vielmehr erst bei den
Olympischen Spielen im Jahre 1908 in
London zustande: Die britische Königsfa-
milie wollte die Läufer von Windsor Castle
aus starten sehen, und so mußte die
Strecke um mehr als zwei Kilometer ver-
längert werden. In der Antike hat es den
Marathonlauf als sportliche Disziplin nicht
gegeben.

Die Olympischen Spiele erstreckten sich in

Wie lange dauerten die Spiele?

der klassischen Zeit über sechs Tage:
Erster Tag: Wettkampf der Trompeter und Herolde, Ableistung des Eides, übrige Vorbereitungen.
Zweiter Tag: Wettkämpfe der Jugendlichen (Knaben).
Dritter Tag: Pferdewettbewerbe, Fünfkampf, Opfer für Achilleus und Pelops.
Vierter Tag (Vollmondstag): Weitere Opfer, Festmahl.
Fünfter Tag: Laufwettbewerbe, Ringkampf, Faustkampf, Pankration (griech., »Allkampf«, der Ring- und Faustkampf in sich vereinigte), Waffenlauf.
Sechster Tag: Bekränzung der Sieger, Bewirtung der Gäste.
Im Laufe der Jahrhunderte wurden die anfänglich bescheidenen Zeusspiele zu einem bedeutenden sportlichen Ereignis für ganz Griechenland. Und immer fanden die Wettkämpfe im Hochsommer statt, meist im August. Der Vierjahresrhythmus kommt dadurch zustande, daß man alle 49 oder 50 Monde (diese Zeitspanne heißt Olympiade), zur Zeit des Vollmondes die Spiele feierte. Die Wettkämpfe müssen daher stets im Juli oder August stattgefunden haben: Heiß war es um diese Jahreszeit, aber weder die Athleten noch die Zuschauer durften eine Kopfbedeckung tragen. Frauen und Sklaven war die Teilnahme an den Spielen untersagt, und verheiratete Frauen durften nicht einmal zuschauen. Teilnehmen durften nur Knaben und Männer, die von griechischer Abstammung und freier Geburt waren. Im Laufe der Zeit lockerte man diese Bestimmung, so daß jetzt auch Athleten aus anderen Nationen bei den Spielen auftraten. Über die Zulassung der Sportler und den Ablauf der Wettkämpfe wachten Kampfrichter, die man Hellanodiken nannte.
Anfangs mußten die Wettkämpfer zu einem bestimmten Zeitpunkt in Olympia

Dank der Ausgrabungen, die seit 1875 in Olympia erfolgten, kann man heute den alten Eingang für die Athleten und Kampfrichter bewundern.

erscheinen, und wer zu spät kam, durfte nicht mehr starten. Keine Entschuldigung wurde anerkannt, obwohl viele mit dem Schiff oder von weither über Land anreisten. Später hatten sich die Wettkämpfer bereits einen Monat vor Beginn der Spiele einzufinden und sich beim Training von den Kampfrichtern beobachten zu lassen. Wer nicht genügend vorbereitet erschien, wurde zum Wettkampf nicht zugelassen. Nur Athleten mit geübtem Körper wurden der Teilnahme an den heiligen Spielen für würdig befunden.

Bis ins Jahr 724 v. Chr. bestanden die

Welche Disziplinen gab es?

Spiele lediglich aus dem Stadionlauf über eine Länge von 192,28 Metern (das Stadion ist eine altgriechische Längeneinheit). Nach und nach kamen weitere Disziplinen hinzu:
724 v. Chr. Doppellauf über zwei Stadien, also 384,56 Meter
720 v. Chr. Langlauf, wahrscheinlich über 20 oder 24 Stadien, das sind etwa 3846 beziehungsweise 4615 Meter
708 v. Chr. Ringkampf, Fünfkampf, bestehend aus: Stadionlauf, Weitsprung, Diskuswurf, Speerwurf, Ringkampf

688 v. Chr. Faustkampf
680 v. Chr. Rennen mit dem Viergespann
648 v. Chr. Pferderennen, Pankration (Allkampf)
632 v. Chr. Wettlauf der Jugendlichen
628 v. Chr. Fünfkampf der Jugendlichen,
nur einmal ausgetragen
616 v. Chr. Faustkampf der Jugendlichen
520 v. Chr. Waffenlauf über zwei Stadien
408 v. Chr. Rennen mit dem Zweigespann
396 v. Chr. Wettbewerb der Trompeter und
Herolde
384 v. Chr. Rennen mit dem Fohlen-Vier-
gespann
268 v. Chr. Rennen mit dem Fohlen-Zwei-
gespann
256 v. Chr. Rennen der Fohlen
200 v. Chr. Pankration der Jugendlichen

Die Weitspringer verwendeten »Halteren« (Sprunggewichte). Die antike Weitsprungtechnik ist mit der heutigen nicht vergleichbar.

Im Laufe der Zeit entstanden in Olympia auch immer mehr Gebäude, unter anderem ein großes Gästehaus, eine Palästra (Übungsplatz für Ringkämpfer), ein Gymnasium (Übungs- und Wettkampfstätte) und Badeanlagen.

Meist wurden die Läufe und Rennen mit einem Trompetsignal gestartet. Beim Doppel-, Waffen- und Langlauf wendeten die Athleten an Stäben, die in den Boden gesteckt waren. Entscheidend für den Sieg war oftmals die Wendetechnik.

Pferderennen fanden im Hippodrom statt. Die Länge der Strecke, die zurückgelegt werden mußte, ist uns nicht bekannt; man weiß aber, daß zwei Säulen als Wendepunkte dienten.

Abgesehen von Pankration, Waffenlauf, dem Wettbewerb der Trompeter und Herolde sowie den Pferde- und Fohlenrennen haben sich alle Disziplinen bis zu den heutigen Olympischen Spielen gehalten. Der Stadionlauf entspricht ungefähr dem 200-Meter-Lauf, der doppelte Stadionlauf dem über 400 Meter. Die Disziplinen des antiken Fünfkampfs findet man, mit Ausnahme des Ringens, im Zehnkampf der Männer wieder.

Der Diskuswerfer des Bildhauers Myron (hier in einer römischen Kopie). Der Diskuswurf war eine der Fünfkampfdisziplinen.

Am letzten Tag der Spiele bekränzte man

Wie belohnte man die Sieger?

die Olympioniken (so nannte man die Sieger) mit Zweigen, die von einem Knaben, dessen beide Eltern noch am Leben sein mußten, mit einem goldenen Messer vom heiligen Ölbaum geschnitten worden waren. Der Sieger erhielt außerdem das Recht, sein Standbild im heiligen Hain von Olympia zu errichten. Bei ihrer Rückkehr in die Heimat wurden die Sieger mit großen Ehren empfangen, und man feierte tagelang. Für den Rest seines Lebens hatte der Olympionike ausgesorgt, denn Steuern brauchte er nicht mehr zu zahlen, er wurde auf Staatskosten verpflegt, erhielt einen Ehrenplatz im Theater sowie Sach- und Geldspenden. Selbst im Krieg hatte er Vorrechte. Spartanische Olympiasieger zum Beispiel »durften« in vorderster Front an der Seite ihres Königs kämpfen. Wenn Olympioniken gefangengenommen wurden, ließ man sie des öfteren nur aufgrund ihres Olympiasieges sofort – ohne Lösegeld – frei. Man muß dazu wissen, daß in der Antike der Kriegsgefangene eigentlich automatisch Sklave wurde.

Als Schule der Olympiasieger galt 100 Jahre lang der Stadtstaat Kroton (heute Crotone, in Süditalien gelegen). Von 588 bis 488 tauchten immer wieder die Namen von Wettkämpfern aus diesem Ort in den Siegerlisten auf. Ring- und Faustkämpfe in Olympia und anderen Wettkampforten waren zeitweilig eine alleinige Angelegenheit von Athleten aus Kroton.

Die Siege der Krotoniaten hatten einen besonderen Grund: Sie waren auf den Einfluß der Pythagoreer zurückzuführen, einer auf philosophischem und politischem Gebiet tätigen Sekte in Großgriechenland (heute Unteritalien). Systematisch verrichteten die Anhänger dieser Bewegung gymnastische Übungen. Die olympischen Disziplinen pflegten sie, um die Jugendlichen abzuhärten und für den Dienst im Staat

Unmittelbar nach dem Wettkampf erhielt der Olympiasieger vom Kampfrichter die Siegerbinde und den Palmzweig.

tauglich zu machen. Mit dem stetigen Üben verbanden sie eine neue Diät, die auf Fleischkost basierte. Unter Aufsicht und Anleitung von Olympiasiegern entstanden Schulen für Ring- und Faustkampf. Kroton wurde zum ersten Sportleistungszentrum in der Antike.

Der Ringer Milon von Kroton soll in der

Kann jemand einen Ochsen auf den Schultern tragen?

Lage gewesen sein, einen vierjährigen Ochsen 1500 Meter weit zu tragen. Anschließend habe er mit ihm noch eine Ehrenrunde im Stadion gedreht, ihn mit einem Faustschlag getötet und verspeist. Täglich soll der Athlet 17 Pfund Fleisch, 17 Pfund Brot und 10 Liter Wein vertilgt haben. Zweifellos gehören diese Überlieferungen in das Reich der Fabel. Man kann solche Geschichten wohl den Gegnern Milons zuschreiben, die ihren Bezwinger als Übermenschen darstellten, um sich selbst in ein besseres Licht zu rücken.

Trotzdem gilt Milon von Kroton als der größte aller Olympioniken. Als Vierzehnjähriger errang er 540 v. Chr. in Olympia bereits den Sieg im Knabenringkampf. Was ihn besonders auszeichnete, waren nicht seine sechs Erfolge bei Olympischen Spielen, sondern die Tatsache, daß er sechsmal den Ehrentitel eines Periodoniken davontragen konnte. Unter *periodos* (griech., »Umlauf«) verstand man im Altertum den Kreis der vier großen heiligen Spiele in Griechenland. Neben denen von

Die Vasenabbildung zeigt zwei Ringerpaare. Auch Milon von Kroton, der größte Olympionike der Antike, war Ringer.

Olympia, den bekanntesten, gab es noch die Pythien in Delphi, die Isthmien bei Korinth und die Nemeen in Nemea. Und wenn ein Wettkämpfer bei allen vier gewann, erlangte er den Ehrentitel eines Periodoniken. Insgesamt siegte Milon in Delphi siebenmal, bei den Isthmien zehnmal und in Nemea neunmal – mit den sechs Siegen von Olympia und damit dem sechsmaligen Umlauf eine wirklich märchenhafte Bilanz. Auf die heutige Zeit und das Tennis übertragen, entspricht ein Umlauf dem Gewinn des Grand Slam. Dazu muß man in einem Jahr die Grand-Slam-Turniere von Melbourne (früher auch Sydney), Paris, Wimbledon und Flushing Meadow (früher auch Forest Hills) gewinnen. Nur fünf Spieler und Spielerinnen haben das im Einzel bisher erreicht: Donald Budge (1938), Rod Laver (zweimal: 1962 und 1969), Maureen Conolly (1953), Margaret Court-Smith (1970) und Steffi Graf (1988).

Milon ist der beste Beweis für die Effektivität des ersten Sportleistungszentrums der Welt in Kroton. Nur durch eisernes Training und eine ausgewogene Ernährung konnte er sich so lange an der Spitze halten. Erst im Jahre 512 v. Chr. unterlag er seinem jüngeren Landsmann Timasitheos.

Die Sonne brennt vom Himmel, es ist heiß.

Wer siegte 1400mal?

Lauernd stehen sich zwei große, muskulöse Männer gegenüber. Ihre Körper haben sie mit Öl eingerieben, ihre Fäuste mit Lederstreifen umwickelt. Der ältere trägt einen Bart, der an manchen Stellen schon ergraut ist.

Der Kampf beginnt. Die Zuschauer feuern die beiden Boxer an, die keuchend aufeinander einschlagen. Hart klatschen die Fäuste auf die ungeschützten Körper, schmerzvoll stöhnen die Boxer auf. Ihre Füße wirbeln Staub auf, der Schweiß rinnt über die Haut. Nach fünfzehn Minuten wanken beide vor Erschöpfung. Ein Schrei, ein letzter Schwinger – der Ältere hat das Kinn seines Gegners getroffen. Wie ein gefällter Baum stürzt der zu Boden. Theogenes von Thasos, Boxer und Pankratiast, hat soeben seinen 1400. Sieg errungen.

Diese Anzahl zumindest ist uns durch den Schriftsteller Pausanias überliefert. Und da auch Plutarch von immerhin 1200 Siegen berichtet, dürfte zumindest die Größenordnung zutreffen. Heute ist es unvorstellbar, daß ein Athlet so oft siegt. Wenn überhaupt, dann kommen im Boxen Amateure in ihrer Laufbahn auf insgesamt 300 Kämpfe, die aber längst nicht alle gewonnen werden. Profiboxer fighten wesentlich weniger, kaum einer überschreitet die Marke von 100.

Um so erstaunlicher mutet die Leistung des Theogenes an, der vermutlich Berufsathlet war. Über 20 Jahre lang blieb er in Faustkampf und Pankration ungeschlagen. Zweimal gewann er bei den Olympischen Spielen (480 und 476 v. Chr.), dreimal bei den Pythischen, zehnmal bei den Isthmischen und neunmal bei den Nemeischen Spielen. Damit führte auch er, wie Milon von Kroton, den Ehrentitel eines Periodoniken. Was wohl am meisten verwundert, ist der Umstand, daß man früher mit nackten oder lediglich mit Lederriemen umwickelten Fäusten kämpfte und nicht mit gepolsterten Handschuhen. Wie überlegen muß Theogenes gewesen sein!

Ab dem dritten Jahrhundert v. Chr. starte-

Warum kam 393 n. Chr. das Ende der Olympischen Spiele?

ten in Olympia fast nur noch Berufsathleten, wodurch die Bedeutung der Spiele mehr und mehr zurückging. Es kam sogar zu Bestechungen, und die überführten Schwerathleten mußten hohe Strafen zahlen.

Herausragender Athlet des zweiten Jahrhunderts v. Chr. war Leonidas von Rho-

Die Bronzestatue eines antiken Faustkämpfers. Seine Unterarme und Fäuste sind mit Lederriemen umwickelt.

12

dos, ein Laufwunder, das im Stadionlauf, Doppellauf und Waffenlauf bei vier Olympischen Spielen (164 bis 152 v. Chr.) alle zwölf möglichen Siege errang.

Der Mittelpunkt der antiken Welt verlagerte sich allmählich nach Rom. Als schließlich der römische Kaiser Nero im Jahre 67 n. Chr. an den Spielen teilnahm – er hatte sie um zwei Jahre verlegen lassen –, erfuhren sie eine weitere Entwertung. Obwohl Nero vom Wagen gefallen war, kürte man ihn zum Sieger im Wagenrennen. Er gewann sechsmal, von einem Wettkampf konnte allerdings keine Rede mehr sein: Der größenwahnsinnige Kaiser hatte die Kampfrichter bestochen.

In der Folgezeit nahm der Glaube an die alten Götter und an Göttervater Zeus ständig ab. Damit sank auch das Ansehen der Spiele in Olympia. Ihr Untergang war endgültig besiegelt, als das Christentum römische Staatsreligion wurde. Die letzten Olympischen Spiele feierte man im Jahre 393 n. Chr. Ein Jahr später verbot sie der christliche Kaiser Theodosius I. als einen heidnischen Kult. Damit war die ruhmreiche Geschichte der Olympischen Spiele im Altertum zu Ende.

In Rom waren Wagenrennen sehr beliebt (unten). Daher wollte Nero (oben) auch in Olympia diese Disziplin um jeden Preis gewinnen.

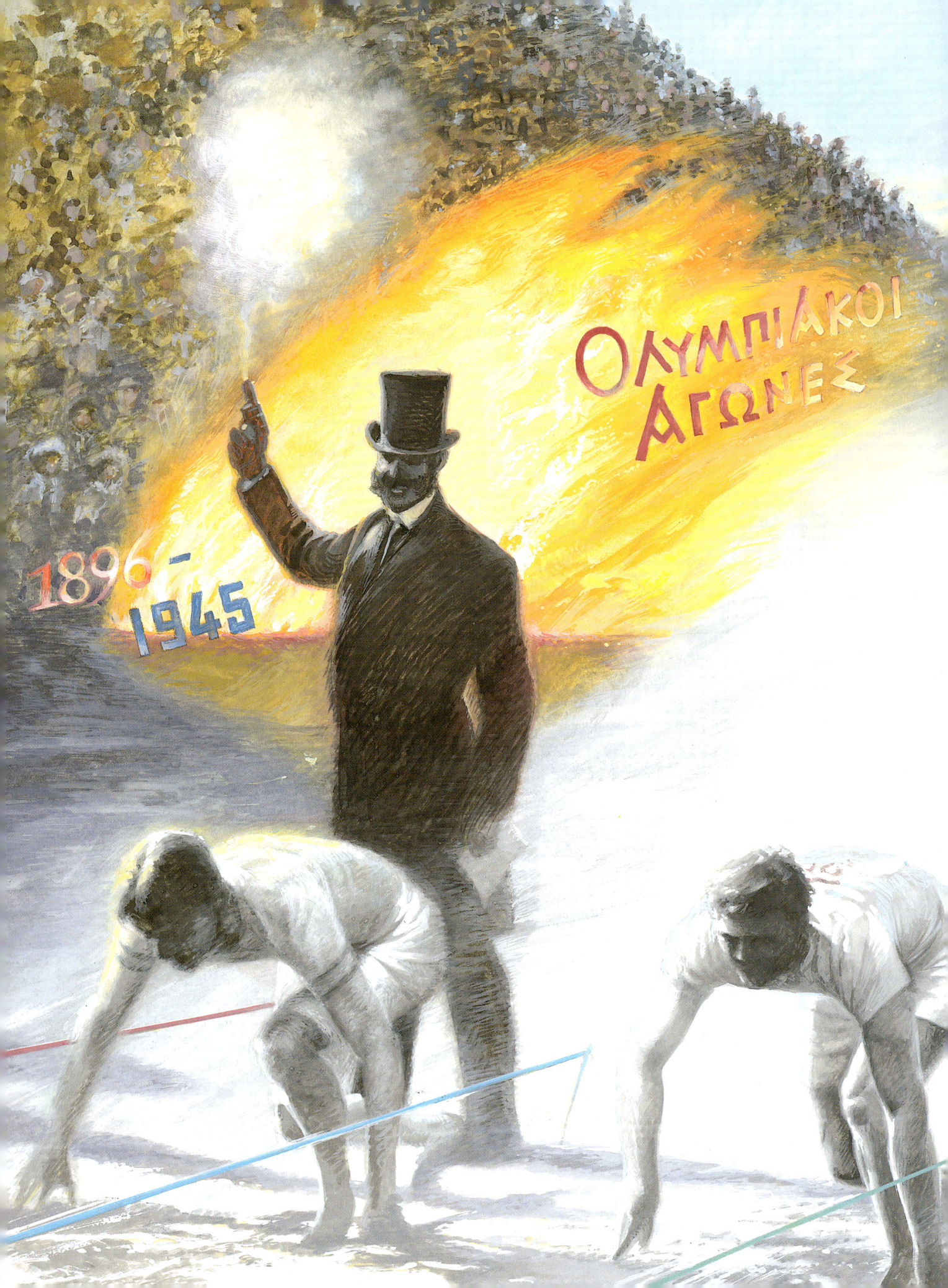

Die Olympischen Spiele der Neuzeit bis 1945

Der Franzose Pierre de Coubertin, am

Welche Vorstellungen hatte Pierre de Coubertin?

1. Januar 1863 in Paris geboren, hatte auf mehreren Englandreisen ab 1883 die Möglichkeit, die englische Internatserziehung kennenzulernen und die Begeisterung zu erleben, mit der dort Leichtathletik, Rugby oder Rudern betrieben wurde. Schulsport sollte kein Drill sein, sondern eine anstrengende, aber fröhliche und kameradschaftliche Beschäftigung. Das strebte der junge Baron auch für die Schüler in Frankreich an. Die französische Regierung, die nun auf ihn aufmerksam geworden war, schickte ihn 1889 nach Nordamerika, um weitere Erfahrungen zu sammeln.

Coubertin wurde klar, daß der Sport das beste Mittel wäre, Jugendliche aller Länder zusammenzubringen, um Freundschaft zwischen den Völkern aufzubauen – die Idee der Olympischen Spiele für alle Nationen war geboren. Der Gedanke, die antiken Olympischen Spiele in moderner Form wieder aufleben zu lassen, war von den Ausgrabungen des antiken Olympia beeinflußt, die von 1875 bis 1881 unter dem Deutschen Ernst Curtius stattfanden und die Welt in Atem hielten. Nun galt es, international verbindliche Regeln und ein für alle annehmbares Sportprogramm auf-

zustellen. Zu den englischen Sportarten kam das deutsche Turnen, aber auch traditionelle französische und italienische Sportarten wie Fechten, Tennis und Reiten.

Die in Athen versammelten Gründungsmitglieder des Internationalen Olympischen Komitees. Zweiter von links: Pierre de Coubertin.

Am 23. Juni 1894 wurde in Paris von Sportvertretern aus aller Welt die Wiedereinführung der Olympischen Spiele beschlossen. Das Internationale Olympische Komitee (IOC) wurde gegründet und die ersten Olympischen Spiele an Athen vergeben. Und weil der griechische Millionär Giorgios Averoff genügend Geld stiftete, baute man in Athen ein Stadion, das dem antiken an gleicher Stelle ähnlich war.

Die olympische Flamme wird seit 1936 im heiligen Hain von Olympia mit einem Hohlspiegel, der die Sonnenstrahlen bündelt, entzündet.

Pierre de Coubertin war daran gelegen,

Welche Regeln wurden für die Olympischen Spiele aufgestellt?

daß die Spiele nicht für politische Propaganda mißbraucht wurden. Mit der Losung *all sports, all nations* (»Alle Sportarten, alle Nationen«) forderte er die Offenheit der Olympischen Spiele, die zur Annäherung und zum gegenseitigen Verstehen der Völker und dadurch zur Verwirklichung des Friedensgedankens beitragen sollte.

Das Internationale Olympische Komitee als Dachorganisation entscheidet entsprechend den olympischen Regeln über die Wahl der mit der Ausrichtung zu betrauenden Stadt, die Festlegung und Durchführung des Wettkampfprogramms, die Eröffnungs-, Sieges- und Abschlußfeierlichkeiten sowie alle den Inhalt und den Verlauf der Spiele betreffenden Fragen. Die Mitglieder im inzwischen über 90 Personen umfassenden Gremium des IOC, bis zu zwei pro Nation, werden auf Lebenszeit gewählt. Die Amtsdauer des Präsidenten beträgt acht Jahre.

An Olympischen Spielen dürfen nur Sportler teilnehmen, deren Nationale Olympische Komitees (NOC; in Deutschland heißt es NOK) vom IOC anerkannt sind. Bis

1981 besagte eine Regelung zudem, daß Olympiateilnehmer Amateure sein müssen, das heißt kein Geld mit dem Sport verdienen dürfen. Um sich von der Politik abzuheben und Eigenständigkeit zu bekunden, schuf man nach und nach olympische Symbole, so die weiße olympische Flagge mit den fünf verschiedenfarbigen, ineinander verschlungenen Ringen, welche die fünf Kontinente darstellen sollen. Die Fahne und der olympische Wahlspruch, *citius – altius – fortius* (lat., »schneller – höher – weiter«), werden als exklusives Eigentum des IOC geschützt.

Die Zeremonien bei Olympischen Spielen, nahezu alle von Pierre de Coubertin erdacht, sind noch heute gültig. Bei der Eröffnungsfeier marschiert seit 1924 zuerst Griechenland in das Stadion ein, gefolgt von den anderen Nationen in alphabetischer Reihenfolge; das Gastland bildet den Schluß. Eine Sportlerin oder ein Sportler des Gastlandes spricht den olympischen Eid und gelobt im Namen aller Teilnehmer, die Regeln zu achten. Es folgt ein ähnlicher Eid eines Kampfrichters. Danach wird das olympische Feuer entfacht, das für die Dauer der Spiele in einer Schale brennt; es wird seit 1936 im Tempelbezirk

Für jeden Sportler ist es eine besondere Ehre, das olympische Feuer zu entzünden. In Atlanta übernahm Muhammad Ali diese Zeremonie.

des alten Olympia entzündet und von Staffelläufern zum Olympiaort gebracht. Anschließend spricht das Staatsoberhaupt des gastgebenden Landes die stets identische Eröffnungsformel.

Anstelle des Ölzweiges erhalten heute Olympiasieger, Zweit- und Drittplazierte, nachdem sie durch eine olympische Fanfare zur Siegerehrung aufgerufen wurden, Medaillen in Gold, Silber und Bronze. Außerdem gibt es Diplome für die ersten acht einer jeden Sportart. 1896 gab es für den Sieger noch eine Silbermedaille, für den Zweiten eine aus Bronze, und der Dritte ging leer aus. Die Namen der Sieger sollen in die Mauern des jeweiligen Olympiastadions eingemeißelt werden.

Bei den ersten Olympischen Spielen der Neuzeit in Athen 1896 erhielt der Sieger diese Silbermedaille.

Sieger des ersten olympischen Marathonlaufes wurde 1896 zur Begeisterung seiner Landsleute der Grieche Spyridon Louis.

Schon die ersten Olympischen Spiele 1896 in Athen verliefen nicht ohne Hindernisse. Nur 81 ausländische Sportler aus 12 Nationen hatten die beschwerliche

Welche Startprobleme hatte Olympia?

Reise nach Griechenland auf sich genommen. Alle restlichen 230 Teilnehmer waren Griechen. Unter den Ausländern sollen sogar Botschaftsangestellte in Athen und zufällig anwesende Touristen gewesen sein. Für die Griechen zählten aber nicht Spitzenleistungen, die an Ostern bei kühler Witterung im Stadion und 13 °C Wassertemperatur bei den Schwimmwettbewerben im offenen Meer ohnehin nicht zu erwarten waren. Sie feierten vielmehr 1500 Jahre nach dem Ende der antiken Olympischen Spiele die ersten Spiele der Neuzeit. Als Sensation wertete man die Siege des nur 1,57 Meter großen Deutschen Carl Schuhmann im Ringen über körperlich überlegene Gegner. Schuhmann war eigentlich Turner und gewann auch im Pferdsprung Gold. Der Marathonlauf, der auf eine Idee von Michel Bréal, einem

Das Olympiastadion von 1896 war eine Rekonstruktion des antiken Athener Stadions unter Perikles.

Freund Coubertins, zurückging, führte von Marathon ins Athener Olympiastadion. Sieger war der Grieche Spyridon Louis, und die Begeisterung der mehr als 60 000 Zuschauer kannte keine Grenzen, als auch die Plätze zwei und drei von Griechen belegt wurden. Den Dritten mußte man allerdings disqualifizieren, weil er ein Stück mit dem Pferdefuhrwerk zurückgelegt hatte.

Die beiden folgenden Olympischen Spiele, 1900 in Paris und 1904 in St. Louis (USA), fanden im Rahmen von Weltausstellungen statt. Bei den Spielen in Paris, die sich von Mai bis Oktober erstreckten, gab es weder eine Eröffnungs- noch eine Schlußfeier. Viele Sportler wußten gar nicht, daß sie an Olympischen Spielen teilnahmen. Überhaupt waren der Eiffelturm und ein elektrisch betriebener Bürgersteig, ein Vorfahre der Rolltreppe, attraktiver als die am Stadtrand durchgeführten sportlichen Ver-

anstaltungen. Die erbrachten Leistungen waren allerdings weit besser als vier Jahre zuvor.

Mit den ersten Spielen in der Neuen Welt, 1904 in St. Louis, war Coubertins Idee weltumfassend geworden. Wegen der großen Entfernung von Europa nahmen aber fast nur Amerikaner an den Spielen teil. Turnen, Schwimmen, Fechten, Rudern und die Leichtathletik waren zwar einigermaßen international besetzt, aber die US-Athleten dominierten fast überall. Wie in Paris wurden auch in St. Louis die olympischen Wettkämpfe von den Attraktionen der Weltausstellung erdrückt. Bei den Spielen von 1904 wurde übrigens erstmals auf amerikanischem Boden in der Leichtathletik in Metern gemessen – so wollte es das IOC.

In London, dem Mutterland des modernen Sports, nahm 1908 der Stellenwert der Olympischen Spiele zu. Die Engländer teilten sie in Winter- und Sommerspiele auf, wobei allerdings nur das erstmals durchgeführte Eiskunstlaufen eine Wintersportart im heutigen Sinne war. Daß sich die Spiele wieder über mehrere Monate erstreckten, beeinträchtigte das Erlebnis. Dennoch kamen zu den »Sommerspielen« im neuerbauten White-City-Stadion, in dem sich auch eine Radrennbahn und ein 100-Meter-Schwimmbecken befanden, trotz schlechten Wetters und hoher Eintrittspreise fast 300 000 Zuschauer.

Herausragender Athlet dieser Ära war der Amerikaner Ray C. Ewry, den man auch den »Gummimenschen« nannte. Insge-

samt zehn Goldmedaillen gewann er, wenn man die Zwischenspiele in Athen im Jahre 1906 mitrechnet, im Hochsprung, Weitsprung und Dreisprung, jeweils aus dem Stand – Disziplinen, die es heute nicht mehr gibt. Bemerkenswert ist, daß Ewry mit fünf Jahren an Kinderlähmung erkrankt war; mit zwanzig erst konnte er normal gehen.

Der eigentliche Durchbruch der Olympischen Spiele kam dann in Stockholm 1912. Ein Athlet ragte besonders heraus: Wa Tho Huck, ein Indianer, besser bekannt unter dem Namen Jim Thorpe. Er überraschte mit einer schier unglaublichen Leistung im Zehnkampf, mit der er noch 1956 in Melbourne unter die besten acht in der Welt gekommen wäre. Den Fünfkampf gewann er genauso überlegen.

Schon ein Jahr später, 1913, erkannte man ihm aber die Goldmedaillen wieder ab. Ein amerikanischer Funktionär hatte herausgefunden, daß Jim Thorpe für ein Baseballspiel bezahlt worden war. Ganze

Wer war Wa Tho Huck?

Ray C. Ewry, beim Hochsprung aus dem Stand (links). Jim Thorpe (rechts), der »König der Athleten«, gewann 1912 überlegen den Zehnkampf.

60 Dollar hatte er verdient. Auf Lebenszeit schloß ihn der amerikanische Verband von den Amateurwettkämpfen aus. Manchen war es sehr recht, daß der Indianer nicht mehr in den offiziellen Siegerlisten stand. Der Schwede Hugo Wieslander, der Zweite des Zehnkampfs 1912 in Stockholm hinter Thorpe, nahm die nun ihm zugesprochene Goldmedaille nicht an. Erst lange nach seinem Tod sprach das IOC Jim Thorpe die Medaillen wieder zu.

Die Eiskunstläuferin Sonja Henie nahm 1924 als Elfjährige an den ersten Olympischen Winterspielen in Chamonix teil.

Es waren ausgerechnet die in den Winter-

Wann fanden die ersten Winterspiele statt?

sportdisziplinen so erfolgreichen Skandinavier, die sich am meisten gegen die Einführung von Olympischen Winterspielen sträubten: Sie hielten sie für eine Konkurrenz zu den Nordischen Spielen. Und das stimmte auch, denn die Olympischen Winterspiele verdrängten tatsächlich die Nordischen.
Schon früh hatte es »winterliche« Diszipli-

nen gegeben, so 1908 in London den Eiskunstlauf. Die Deutschen planten 1916 für die dem Ersten Weltkrieg zum Opfer gefallenen Spiele Skirennen auf dem Feldberg, und in Antwerpen stand 1920 neben dem Eiskunstlauf auch Eishockey auf dem Programm.
Coubertin, amtierender Präsident des IOC, war gegen Winterspiele. Als Kompromiß erlaubte das IOC 1924 die »Internationale Wintersportwoche« in Chamonix. Die Eröffnungs- und Schlußzeremonie verlief jeweils wie bei Olympischen Spielen. Und weil die Skandinavier viele Siege errangen, waren sie wieder beschwichtigt. Aufsehen erregte im Eiskunstlauf der Damen die erst elfjährige Norwegerin Sonja Henie, die zwar hier nur den achten Platz belegte, in den Jahren darauf aber zu drei Goldmedaillen und sogar zu Filmruhm gelangte. Jacob-Tullin Thams sprang von der Schanze 58,5 Meter, eine Leistung, die als überwältigend empfunden wurde. Heute steht der Weltrekord im Skispringen bei annähernd 200 Metern.
Zwei Jahre später beschlossen die IOC-Mitglieder in Lissabon, die Wintersportwoche in Chamonix offiziell als die »1. Olympischen Winterspiele« anzuerkennen.

Paavo Nurmi – das ist ein Name, der bis

Wer war der »laufende Finne«?

heute in aller Munde ist. In Paris, wo 1924 die Spiele ohne deutsche Teilnahme ausgerichtet wurden, war er der herausragende Athlet. Er wurde Olympiasieger über 1500 Meter in 3:53,6 Minuten, eine dreiviertel Stunde später gewann er über 5000 Meter in 14:31,2 Minuten. Zwei Tage darauf im 10 650-Meter-Querfeldeinlauf in der Einzelkonkurrenz und in der Mannschaft, und am folgenden Tag holte er wieder Gold mit der Mannschaft über 3000 Meter. Schon 1920 in Antwerpen hatte Nurmi dreimal Gold und einmal Silber gewonnen. 1928 in Amsterdam, das Sta-

*Der Norweger Jacob-Tullin Thams gewann mit zwei
49-Meter-Sprüngen die Goldmedaille. In einem
Demonstrationsspringen flog er gar noch weiter.*

Der Finne Paavo Nurmi, hier beim Zieleinlauf des 1500-Meter-Laufs 1924 in Paris, war schon zu Lebzeiten eine Sportlegende.

dion wies erstmals eine 400-Meter-Rundbahn auf, fügte er seiner Erfolgsbilanz weitere Medaillen hinzu. Insgesamt kam der »laufende Finne« während seiner Sportkarriere auf neun Goldmedaillen.

Noch ein Stern ging in Paris auf: Johnny Weissmuller, der hier als erster Mensch die 100 Meter Freistil unter einer Minute schwamm. Bekannt wurde Weissmuller auch in vielen Filmen durch die Darstellung des Tarzan. Tennis stand in Paris für lange Zeit zum letzten Mal auf dem olympischen Programm. Erst 1988 wurde es wieder aufgenommen, und es war Steffi Graf, die im Dameneinzel Gold gewann.

Die gut organisierten Spiele in Los Angeles 1932, auf die sich die Amerikaner acht Jahre unter anderem mit dem Bau des prächtigen Olympiastadions Coliseum vorbereitet hatten, begannen mit einem Skandal: Paavo Nurmi, der unvergessene »laufende Finne«, wollte seine Laufbahn mit einer Goldmedaille im Marathonlauf abschließen. Wegen zu hoher Spesenab-

rechnungen bei vorausgegangenen Wettkämpfen wurde er aber kurz vor den Spielen, zu denen er bereits angereist war, auf Lebenszeit gesperrt.

Deutschland war Ausrichter für die Olympischen Spiele in Garmisch-Partenkirchen und Berlin. In Berlin fanden zweifellos die ersten politischen Spiele statt, an denen fast 4000 Sportlerinnen und Sportler teilnahmen, mehr als je zuvor. Voll Stolz zeigte sich ein neues Deutschland der Weltöffentlichkeit, schamlos mißbrauchten die Nationalsozialisten die Spiele für ihre Zwecke. Mit großem Pomp und Massenkundgebungen setzte sich das Dritte Reich in Szene. Unter riesigem Aufwand wurden neue Sportstätten errichtet, besonders imponierend das Stadion mit den zwei markanten Türmen. Insgesamt 3075 Fakkelläufer brachten nach einer Idee von Carl Diem, einem deutschen Sportpionier, das in Olympia entzündete Feuer nach Berlin. Herausragender Athlet dieser Spiele war der Amerikaner Jesse Owens, der vier Goldmedaillen gewann: über 100 Meter, 200 Meter, im Weitsprung und in der 4x100-Meter-Staffel. Bereits ein Jahr zuvor, am 25. Mai 1935, *the day of the days,* wie die Amerikaner ihn nennen, »dem Tag der Tage«, hatte Jesse Owens Sportgeschichte geschrieben. Innerhalb von 45 Minuten stellte er vier Weltrekorde ein oder auf: 100 Yards in 9,4 Sekunden, Weitsprung 8,13 Meter, 220 Yards auf gerader Bahn in 20,3 Sekunden – das wäre auch Weltrekord über 200 Meter gewesen (220 Yards entsprechen 201,30 Meter) –, 220-Yard-Hürdenlauf in 22,6 Sekunden, das hätte Weltrekord für die 200-Meter-Distanz bedeutet. Nie wieder hat es etwas Vergleichbares gegeben.

Die Spiele von 1936 waren übrigens die ersten, die in zentrale Fernsehstuben innerhalb Berlins, aber auch nach Pots-

Fanden 1936 in Berlin die ersten politischen Spiele statt?

dam und Leipzig übertragen wurden. Viele Zuschauer fühlten sich anfänglich im Stadion von der riesigen Kamera, die sie für eine Kanone hielten, bedroht.

Während der beiden Weltkriege gab es in Europa kaum sport-

<table>
<tr><td>**Was geschah während der Weltkriege?**</td></tr>
</table>

liche Veranstaltungen: Internationale Begegnungen wurden abgesagt. Lediglich in Amerika war die Welt des Sports noch heil, denn man war weit von den Kriegsschauplätzen entfernt. 1916 fanden die Spiele in Berlin wegen des Ersten Weltkrieges nicht statt. Anschließend wurde Deutschland zu den Spielen 1920 in Antwerpen und 1924 in Paris nicht eingeladen.

Für 1940 hatte man die Winterspiele nach Sapporo und die Sommerspiele nach Tokio in Japan vergeben. Aber 1937 brach der japanisch-chinesische Krieg aus, und das japanische NOC verzichtete auf die Ausrichtung der Sommer- und Winterspiele. Die finnische Hauptstadt Helsinki sollte daraufhin die Sommerspiele, Sankt Moritz (Schweiz) die Winterspiele organisieren. Nachdem es über die Teilnahme von Berufsskilehrern an den alpinen Skirennen zu Meinungsverschiedenheiten zwischen den Schweizer Organisatoren und dem IOC gekommen war, sollten die Winterspiele wieder in Garmisch-Partenkirchen stattfinden. Nach dem Ausbruch des Zweiten Weltkrieges 1939 gab das deutsche Organisationskomitee die Ausrichtung offiziell an das IOC zurück. Im April 1940 wurden auch die Sommerspiele in Helsinki endgültig abgesagt. Der Krieg verhinderte 1944 schließlich ebenfalls die Austragung der Spiele in London und Cortina d'Ampezzo.

Jesse Owens gewann 1936 vier Goldmedaillen. Hier sieht man ihn beim Start zum 200-Meter-Lauf, den er in 20,7 Sekunden gewann.

Die Olympischen Spiele seit 1948

Wer war die »tschechische Lokomotive«?

Der und gewinnen? Mit dem verzerrten Gesicht, und das schon nach zwei Runden? Nie und nimmer, der ist doch jetzt schon am Ende. Keuchend, als läge er in den letzten Zügen, bringt der Langstreckenläufer mit geneigtem Kopf Runde für Runde hinter sich. Und er gewinnt 1948 in London zum erstenmal Gold im 10 000-Meter-Lauf: Emil Zátopek. In London begann die einmalige Karriere der »tschechischen Lokomotive«, wie man ihn nannte.

Als Fanny Blankers-Koen, die »fliegende Hausfrau«, 1948 nach dem Gewinn von vier Goldmedaillen aus London nach Hause kam, bereitete man ihr in Amsterdam einen stürmischen Empfang – über 200 000 Menschen säumten die Straßen.

Die Holländerin Fanny Blankers-Koen gewann 1948 bei den Olympischen Spielen in London vier Goldmedaillen.

Dabei war Fanny in London noch nicht einmal im Weitsprung und im Hochsprung gestartet: In beiden Disziplinen war sie Weltrekordhalterin.

Mit 17 Jahren wurde Bob Mathias in London der jüngste Olympiasieger im Zehnkampf überhaupt. Vier Jahre später in Helsinki gewann er wieder. Mit 21 Jahren sagte er dem Sport Lebewohl. Bekannt wurde er bei uns in den sechziger Jahren als Schauspieler und Star einer Fernsehserie.

Der Läufer Emil Zátopek bei den Spielen von 1952 in Helsinki.

Sportarten wie Gewichtheben und Ringen gewannen an Attraktivität. Im Boxen errang László Papp, der später der erste Profiboxer des Ostblocks werden sollte, die Goldmedaille im Mittelgewicht.

Schlagartig änderten sich 1952 bei den Olympischen Spielen in Helsinki die Kräfteverhältnisse. Nicht etwa, weil die Deutschen wieder teilnehmen durften – das von den Franzosen besetzte Saargebiet stellte sogar eine eigene Mannschaft –, sondern durch die UdSSR. Der rote Gigant setzte im Turnen, Ringen und Gewichtheben neue Maßstäbe, nachdem er sich jahrelang in Isolation geübt hatte. Noch 1948 hatten die Sowjets auf einen Start in London verzichtet. Bereits 1952 aber belegten die sowjetischen Athleten in der Nationenwertung hinter den Amerikanern den zweiten Platz. Den Sportlern brachte man allerdings keine Sympathien entgegen. Zu ernst erschienen sie, die Stars wurden abgeschirmt, es gab keine Interviews mit der Presse. Erst mit zunehmenden Erfolgen legten Funktionäre und Sportler ihre Komplexe ab.

Bei den Spielen von 1952 gewann zum ersten Mal am gleichen Tag ein Ehepaar Gold: Emil Zátopek im 5000-Meter-Lauf und seine Frau Dana Zátopková im Speerwerfen.

Eine grandiose Kulisse in den Dolomiten,

Wen bezeichnete man als »König der Winterspiele«?

wie zu einer prachtvollen Filmdekoration aufgebaut, und mittendrin der feudale Wintersportort Cortina mit seinem in Chalet-Form errichteten Eisstadion. Es war kalt während der Spiele 1956, bis zu −25 °C, und es wehte ein eisiger Wind. Das Fernsehen übertrug die Ereignisse, aber an den Hängen standen mehr Einheimische als auswärtige Zuschauer.

Wegen Schneemangels durfte auf der überlangen Riesenslalompiste nicht trainiert werden, aber den jungen Sieger

Bei den Winterspielen von 1956 in Cortina d'Ampezzo gewann der Österreicher Toni Sailer überlegen vier Goldmedaillen.

beeindruckte das nicht. Zwei Tage später im Slalom das gleiche: kein Training. Die Organisatoren ließen in ihrer Not die Hänge auf dem Col Druscié mit Wasser besprühen, das schnell gefror und die Piste gefährlich und unberechenbar machte. Zudem zog im ersten Durchgang Nebel mit Sichtweiten von 30 Metern auf. Von 89 gestarteten Teilnehmern schieden 32 aus, aber er gewann erneut. Auf der Abfahrtsstrecke, angelegt am steilen Tofanahang, gab es für die Athleten nur ein einziges Nonstoptraining. Zu wenig, meinten die Experten, denn auf Teilstrecken wurden Geschwindigkeiten von bis zu 140 km/h erzielt. Bei −24 °C errang er seinen dritten Sieg, und weil er gleichzeitig auch die Kombination gewonnen hatte, gab es noch ein viertes Mal Gold.

Superstar von Cortina d'Ampezzo war 1956 der 20jährige Österreicher Toni Sailer, »König der Winterspiele«. Im Riesenslalom gewann er mit sechs Sekunden Vorsprung, im Abfahrtslauf mit dreieinhalb und im Spezialslalom mit vier. Wie diese Zeitunterschiede ausdrücken, lagen jeweils Welten zwischen Toni Sailer und dem zweiten. Zwölf Jahre später schaffte der Franzose Jean-Claude Killy in Greno-

Gegen die verbesserte Technik und Ausrüstung von Katja Seizinger, Olympiasiegerin von 1998, hätte Toni Sailer wohl keine Chance gehabt.

ble bei den Olympischen Winterspielen das gleiche Kunststück. Auch er gewann alle drei Goldmedaillen in den alpinen Konkurrenzen, allerdings lange nicht so deutlich wie 1956 Toni Sailer. Wie viele Sportler vor und nach ihm, versilberte Toni Sailer seinen Erfolg und wurde Schauspieler.

Totenstille im Stadion. Die Zuschauer

| Warum durften keine Pferde nach Australien? |

sehen, daß der verletzte Reiter Mühe hat, sich im Sattel zu halten. Wie soll er da den schwierigen Parcours bewältigen? Vor dem Wassergraben muß er treiben, Tempo machen. Dem Reiter kann man seine Schmerzen vom Gesicht ablesen, trotz der Morphiumspritze, die man ihm zuvor verabreicht hat. Bis zum letzten Hindernis trägt die Stute Halla den Reiter fehlerlos. Konzentriert und mit spielenden Ohren reagiert sie auf seine Hilfen. »Ich weiß nicht, wie ich der Stute danken soll«, meinte Hans Günter Winkler, als man ihn nach seinem grandiosen Ritt aus dem Sattel hob. Deutschland gewann mit Winkler, Fritz Thiedemann und Alfons Lütke-Westhues 1956 in Stockholm im

Preis der Nationen die Goldmedaille. Warum die Reiter in Stockholm starteten: Bei den Olympischen Sommerspielen von 1956 in Melbourne wurden wegen der strengen australischen Einfuhrbestimmungen für Pferde (die Quarantänezeit war zu lang) die Reitwettbewerbe nach Stockholm verlegt.

Die Spiele in Melbourne fanden für Europäer fast zur Winterszeit statt, und zwar Ende November, Anfang Dezember. In den Kaufhäusern Melbournes winkte schon der Weihnachtsmann den luftig gekleideten Menschen zu, denn von der Jahreszeit her war es erst Frühling auf der Südhalbkugel. Aber über Melbourne lag ein politischer Schatten, und Spanien, die Niederlande und die Schweiz boykottierten deswegen die Spiele: Die Russen waren in Ungarn einmarschiert. Die Stimmung unter den Mannschaften war gereizt, als diese beiden Nationen im Wasserball gegeneinander antraten. Keiner der ungarischen

Trotz einer Armverletzung gelingt Hans Günter Winkler 1956 im Preis der Nationen ein fehlerloser Ritt, und die deutsche Mannschaft siegt.

Athleten und Athletinnen wußte, ob man jemals wieder in die Heimat würde zurückkehren können.

Russen und Japaner lieferten sich die ersten großen Duelle im Turnen. Die Schwimmer stellten einen Weltrekord nach dem anderen auf, und im Schwimmstadion, das wie ein mächtiges Geisterschiff mit durchsichtigem Rumpf wirkte, gewannen die Australier die meisten Goldmedaillen. Dawn Fraser, der weibliche Star des fünften Kontinents, näherte sich über 100 Meter Freistil der magischen Minutengrenze. Al Oerter, der 20jährige Amerikaner, gewann seine erste Goldmedaille im Diskuswurf. Noch drei weitere sollten hinzukommen. Außer ihm hat es bisher noch niemand geschafft, viermal in Folge zu gewinnen. Oerter hätte sicherlich auch 1972 in München auf dem Treppchen gestanden, wenn er gestartet wäre. Als 48jähriger stellte er im Diskuswurf noch seine persönliche Bestleistung auf. Nur knapp verpaßte er 1984 die Teilnahme an den Spielen von Los Angeles, weil er bei den amerikanischen Qualifikationswettkämpfen mit einer Leistung, die besser war als die des späteren Olympiasiegers, lediglich den vierten Platz belegte. Welch ein Athlet!

Wie völkerverbindend der Sport sein kann, zeigte sich am Ende der Spiele von 1956. Ein chinesischer Junge aus Formosa hatte folgenden Vorschlag gemacht: Teilnehmer der verschiedenen Mannschaften sollten für die Schlußveranstaltung nicht getrennt ins Stadion einziehen, sondern sich untereinander verteilen. So würde es keine unterschiedlichen Nationen geben, Krieg, Politik und Nationalität würden vergessen sein. IOC-Präsident Brundage war skeptisch. Er gab die Genehmigung für dieses Vorhaben nur unter der Voraussetzung, daß sich wenigstens 400 Athleten beteiligten. Zur Schlußfeier kamen sie alle! Niemand konnte sich der Symbolkraft dieses Bildes entziehen. Die Spiele erreichten hier ihren Höhepunkt.

Die Olympischen Spiele von Rom im Jahr 1960 zeigten, daß solche Veranstaltungen nur noch in Weltstädten ausgetragen werden können – so sehr hatte das organisatorische Ausmaß zugenommen. Tausende von Sportlern, Trainern, Betreuern und Funktionären mußten untergebracht werden, hinzu kamen Berichterstatter, auswärtige Besucher und Touristen. Selbst Millionenstädte haben Probleme, diesen Ansturm zu bewältigen.

> **Wer lief barfuß zum Olympiasieg?**

In Crotone, das 2500 Jahre zuvor so viele Olympiasieger gestellt hatte, jubelte man dem Fackelläufer zu, und im Circus Maximus kehrten die Spiele auf historischen Boden zurück. Geschickt integrierte man die Wettkämpfe in antike Stätten. So fanden zum Beispiel die Begegnungen im Ringen in den monumentalen Resten der über 1600 Jahre alten Maxentiusbasilika statt, gleich in der Nähe des Kolosseums und des Forum Romanum. Basketball dagegen trug man im supermodernen Palazzo dello Sport aus, einer riesigen Kuppelhalle aus Beton und Glas.

Abebe Bikila, ein Äthiopier, von dem nur wenige Eingeweihte zuvor schon etwas gehört hatten, lief barfuß zum Marathonsieg. Vier Jahre später wiederholte er seinen Triumph, diesmal mit Schuhen. Rom wurde auch zu einem Erfolg für die gesamtdeutsche Mannschaft mit Sportlern aus der Bundesrepublik und der DDR.

Armin Hary schlug über 100 Meter die Amerikaner, die deutsche 4x100-Meter-Staffel gewann ebenfalls. Unvergessen bleiben der Ratzeburger Ruder-Achter mit seinem Erfolg und Wilfried Dietrich, der im Freistilringen die Goldmedaille und im griechisch-römischen Stil die Silbermedaille errang. Carl Kaufmann lief Weltrekord, genauso schnell wie der Sieger, und wurde doch nur Zweiter über 400 Meter.

Cassius Clay, später als Profiweltmeister im Schwergewicht nannte er sich Muhammad Ali, erkämpfte als 18jähriger im Halbschwergewicht die Goldmedaille im Boxen. Bekanntester Olympiasieger war der damalige Kronprinz von Griechenland, der bei den Segelwettbewerben in der Bucht von Neapel die Drachenklasse überlegen gewann.

Bei den Olympischen Spielen von 1960 in Rom gewann überraschend der Äthiopier Abebe Bikila den Marathonlauf.

Was sich auf der politischen Weltbühne abzeichnete, wurde im Sport fortgesetzt: Bereits in Rom hatten sich in immer mehr Wettkämpfen die Spiele zu einem Zweikampf zwischen den USA und der UdSSR ausgeweitet. Vier Jahre später, in Tokio zum ersten Mal auf asiatischem Boden, wurde der Kampf fortgesetzt. Die Kubakrise hatte die beiden Mächte an den Rand eines Kriegs geführt, der amerikanische Präsident John F. Kennedy war 1963 einem Mordanschlag zum Opfer gefallen. In Vietnam eskalierten die Feindseligkeiten zu einem Gemetzel, das länger als ein Jahrzehnt andauern sollte. Die beiden Staaten befanden sich mitten im kalten Krieg, und das machte auch die Verbissenheit deutlich, mit der bei den Olympischen Spielen um sportlichen Lorbeer gekämpft wurde.

Tokio, größte Stadt der Welt, verblüffte 1964 Besucher und Athleten gleichermaßen mit einer vorher nicht für möglich gehaltenen Gastfreundschaft und mit seiner Vielschichtigkeit. Geschwungene Autobahnen führen auf Stelzen über Stadtteile hinweg, Wolkenkratzer stoßen in den Himmel, und gleich nebenan findet man kleine, beschauliche Häuser im japanischen Stil, aus Holz und Papier errichtet. Grandiose Sportbauten und kühne Konstruktionen setzten den richtigen Rahmen. Die Schwimmhalle wurde vom IOC-Präsidenten als »Kathedrale des Sports« bezeichnet, und Kenzo Tange, der Architekt, erhielt für diese kühne Konstruktion ein olympisches Diplom. In nur zwei Jahren hatte ein Kollege von ihm, Ashihara Joshinobu, das Komazawa-Sportzentrum erbaut. Der Kommandoturm ähnelte einer Pagode, und die Nippon Budokan Hall war einem alten Tempel nachempfunden.

Japan brauchte den Erfolg als Organisator: Auf eine jahrtausendealte Geschichte zurückblickend, hatte es noch immer nicht den Schock der Niederlage im Zweiten Weltkrieg überwunden. So war es Symbol und Friedensakt zugleich, als der letzte Fackelläufer Yoshinoro Sakai das olympische Feuer entzündete – Sakai war 1945 in derselben Stunde geboren worden, als die Atombombe auf Hiroshima fiel. Per Fernsehsatellit, auch das war eine Neuheit, wurde diese bewegende Szene in alle Welt übertragen.

Bob Hayes lief 1964 mit 10,0 Sekunden Weltrekord über 100 Meter.

> **Fand der kalte Krieg auch bei den Olympischen Spielen statt?**

30

Tokio setzte als Olympiastadt in der Architektur neue Maßstäbe. Die aufwendigen Bauten, hier die Schwimmhalle, waren überaus modern.

An den Olympischen Spielen in Tokio hatten Bundesrepublik und DDR noch gemeinsam teilgenommen, aber seit Mexiko 1968 gab es zwei getrennte Mannschaften. Der Politik war es endgültig gelungen, die Deutschen auch im Sport zu entzweien. Bis zur Wiedervereinigung sollte es keine gesamtdeutsche Mannschaft mehr geben.

Wann kam das Ende der gesamtdeutschen Mannschaft?

Die tschechoslowakische Turnerin Vera Cáslavská trauerte bei der Siegerehrung um ihr Land, das nach dem sogenannten Prager Frühling von den Russen besetzt worden war. Alle Tschechoslowaken weinten, wenn sie auf dem Podest standen und ihre Fahne gehißt wurde. Die schwarzen Amerikaner demonstrierten während der

Bob Hayes lief als erster Mensch die 100 Meter in elektronisch gestoppter Weltrekordzeit von 10,0 Sekunden. Willi Holdorf gewann den Zehnkampf, nachdem er im Ziel des 1500-Meter-Laufs, der letzten Disziplin, vor Erschöpfung zusammengebrochen war.

In Turnen ging die Karriere der Sowjetrussin Larissa Latynina zu Ende. Insgesamt hatte sie neunmal Gold, fünfmal Silber und viermal Bronze gewonnen. Neue Turnkönigin wurde Vera Cáslavská aus der Tschechoslowakei. Für Japan stürzte eine Welt ein, als im Judo in der offenen Klasse der Holländer Anton Geesink gegen das Idol Akio Kaminaga gewann.

Die Australierin Dawn Fraser errang nach 1956 und 1960 zum dritten Mal Gold über 100 Meter Freistil, erstmals mit einer Zeit unter einer Minute. Als die Sportlerin, die nach einem schlimmen Unfall noch drei Monate zuvor mit einer Wirbelsäulenverletzung ein Stützkorsett hatte tragen müssen, aus Freude über ihren Sieg einen Kanal durchschwamm und am kaiserlichen Palast eine Fahne stahl, sperrte sie der Verband für zehn Jahre!

Die Tschechin Vera Cáslavská war die Turnkönigin der Spiele von 1964 und 1968.

Siegerehrung mit geballten schwarzbehandschuhten Fäusten für die Black-Power-Bewegung, die für die Gleichbehandlung der Schwarzen in den USA eintrat. Tommy Smith und John Carlos, der Sieger und der Dritte des 200-Meter-Laufes, schloß man daher wegen Politisierung der Spiele von der Mannschaft aus. Die Gewinner der 4x400-Meter-Staffel erschienen daraufhin mit schwarzen Baskenmützen zur Siegerehrung. Spätestens in Mexiko hatte die Politik den Sport eingeholt. Olympia entwickelte sich zu einem Forum für politische Demonstrationen.

Noch nie hatte es im Vorfeld Olympischer Spiele so viele Diskussionen über einen Austragungsort gegeben wie im Fall Mexiko-City. Noch nie fühlten sich Mediziner so berufen und herausgefordert, das Phänomen der Sauerstoffarmut zu untersuchen. Verständlich, wenn man weiß, daß

| **Läuft und springt es sich in dünner Luft besser?** |

Tommie Smith und John Carlos demonstrierten bei der Siegerehrung mit geballten Fäusten für die Gleichberechtigung der Schwarzen in den USA.

Im Weitsprung stellte Bob Beamon in Mexiko einen phantastischen Weltrekord auf.

Mexiko-City auf 2400 Meter Höhe liegt. In einer solchen Höhe ist die Luft halb so »dick« wie auf Meeresniveau; sie enthält nur halb soviel Sauerstoff pro Liter. Folglich braucht man für die gleiche Leistung wesentlich mehr Atemzüge und eine höhere Pulsfrequenz.

Grundsätzlich tauchte die Frage auf, ob sportliche Höchstleistungen in Mexiko lebensgefährlich sein könnten. An der Ziellinie stapelten sich deshalb die Sauerstoffflaschen, um ausgepumpten Athleten wieder auf die Beine zu helfen. Und trotzdem gab es Leistungen im Überfluß, gerade wegen der hohen Lage. Ein erlaubter Rückenwind von zwei Metern pro Sekunde in Mexiko entspricht wegen der dünneren Luft einem Rückenwind von vier Metern pro Sekunde auf Meeresniveau.

Der schlanke, hochgewachsene schwarze Sportler konzentriert sich. Ein paar Tippelschritte auf der Stelle, dann läuft er los. Schneller und schneller wird er, trifft den Balken genau und springt ab. In der Luft noch einige Laufschritte, dann landet er mit vorgestreckten Beinen am Ende der Grube. Er rappelt sich hoch, schüttelt den Sand ab und geht nervös zum Meßgerät. Totenstille im Stadion. Noch hat keiner erfaßt, was geschehen ist. Erst als sich das Kampfgericht berät, einer immer wieder auf die Meßanlage deutet, die bis 8,50 Meter geht, vermuten Experten eine Sensation. Maßbänder werden herangeschafft, schließlich wird unter ohrenbetäubendem Lärm und Applaus die Weite verkündet: 8,90 Meter.

Bob Beamon schrieb mit diesem Satz Sportgeschichte. Er verbesserte den bestehenden Weltrekord gleich um 55 Zentimeter, bei einem erlaubten Rückenwind von exakt zwei Metern pro Sekunde. Experten behaupten, daß Bob Beamon diese Weite unter normalen Bedingungen nie erzielt hätte. Als Beweis führen sie an, daß er in der Folgezeit nicht annähernd an seine Leistung von Mexiko herankam. Erst 23 Jahre später wurde Beamons Rekord

Dick Fosbury verblüffte die Fachwelt mit seiner neuen Hochsprungtechnik, dem Fosbury-Flop.

verbessert: Bei den Weltmeisterschaften in Tokio 1991 gewann der Amerikaner Powell mit der neuen Rekordleistung von 8,95 Meter, Carl Lewis kam mit 8,91 Metern deshalb nur auf den zweiten Platz.

Aber es gab in Mexiko auch andere Resultate, die vorher unglaublich erschienen. Zum ersten Mal auf Tartan laufend (das ist ein Kunststoffbelag, der im Gegensatz zur herkömmlichen Aschenbahn nicht nachgibt), verbesserte Jim Hines den Weltrekord über 100 Meter auf 9,95 Sekunden, sein Teamkollege Lee Evans den über 400 Meter auf 43,86 Sekunden. Erst 1989 lief Butch Reynolds mit 43,29 Sekunden schneller. In Mexiko gewann Dick Fosbury den Hochsprung der Männer erstmals mit dem nach ihm benannten Flop, der bis heute als modernste und erfolgreichste Hochsprungtechnik gilt.

Monteure der Post halten die Personen, die in der Nacht zum 5. September 1972 über den Zaun des olympischen Dorfes in München klettern, für spät heimkehrende Sportler.

Wo lagen Freude und Trauer so dicht beieinander?

Die vermummten Männer schleichen weiter in die Conolly-Straße zu Haus Nr. 31. Ein Trainer der israelischen Mannschaft, der sich ihnen dort in den Weg stellt, wird erschossen. Sportler flüchten aus den Fenstern, Tumult, die Polizei umzingelt das Haus. Schräg gegenüber wohnen deutsche Athleten, die, von den Schüssen aufgeschreckt, den Vorfall beobachten.

Palästinensische Terroristen töteten zwei israelische Sportler und nahmen neun weitere als Geiseln. Beim nächtlichen Befreiungsversuch auf dem Flugplatz Fürstenfeldbruck kamen alle Geiseln, fünf Terroristen und ein Polizist ums Leben. Trauer kehrte ein, und die Organisatoren waren versucht, die Olympischen Spiele sofort abzubrechen.

Dabei hatte 1972 in München mit der Eröffnungsfeier alles so fröhlich begonnen. Nicht Kanonenschläge, sondern Alphörner kündigten den Bundespräsidenten Gustav Heinemann an, nicht etwa Marschmusik, sondern beschwingte, landestypische Rhythmen empfingen die einzelnen Mannschaften: »Kalinka« die Russen, ein »Paso Doble« die Spanier, »When the Saints« die Amerikaner und »Horch, was kommt von draußen rein« die Deutschen.

Nicht so steif wie sonst wurde die olympi-

sche Fahne übergeben. Den letzten der 5976 Fackelläufer kündigten Böllerschützen an. In Begleitung je eines Athleten aus Asien, Amerika, Australien und Afrika lief er in das Stadion ein, dessen mit Drahtseilen verspanntes, lichtdurchlässiges Zeltdach einen architektonischen Glanzpunkt setzte.

Das Publikum konnte phantastische sportliche Leistungen sehen. So die des amerikanischen Schwimmers Mark Spitz, der sieben Goldmedaillen gewann und dabei jeweils einen neuen Weltrekord aufstellte. Valeri Borsow, den man wegen seines wissenschaftlichen Karriereaufbaus als »Sprinter aus der Retorte« bezeichnete, dominierte über 100 Meter und 200 Meter und besiegte damit die favorisierten Amerikaner.

Der amerikanische Schwimmer Mark Spitz gewann in München sieben Goldmedaillen und war damit der erfolgreichste Sportler dieser Spiele.

Die westdeutschen Sportler feierten in München viele Erfolge: Klaus Wolfermann siegte im Speerwerfen mit zwei Zentimetern Vorsprung vor seinem sowjetischen Freund Janis Lusis. Zwei Zentimeter – ein Klacks bei Weiten über 90 Meter. Ulrike Meyfarth, damals 16 Jahre alt, gewann mit 1,92 Metern den Hochsprung, Hildegard Falck den 800-Meter-Lauf und Heide Rosendahl den Weitsprung. Unvergessen

Bei den Olympischen Spielen von 1972 fand zum ersten Mal der Wildwasserslalom statt, der im Eiskanal von Augsburg ausgetragen wurde.

Heide Rosendahl holte sich mit 6,78 Metern die Goldmedaille im Weitsprung.

bleibt auch der Kampf zwischen dem deutschen Ringer Wilfried Dietrich und dem Amerikaner Chris Taylor. Dietrich schulterte den Vierzentnerkoloß, konnte aber doch keine Medaille erringen. Dagegen ging Bernd Kannenberg allen anderen Gehern über 50 Kilometer auf und davon. Im Boxen machten die Kubaner auf sich aufmerksam, unter ihnen besonders Teofilo Stevenson, ein Schwergewichtler. Und im Wildwasserslalom, das 1972 zum ersten Mal ausgetragen wurde, heimste die DDR alle Goldmedaillen ein.

Der Deutsche Wilfried Dietrich (unten) im Ringen gegen den US-Amerikaner Chris Taylor.

Was sich bereits in Mexiko andeutete,

Wird die olympische Idee zum Spielball für die Politik?

gewann spätestens in München an Klarheit: Die Olympischen Spiele und die friedfertige sportliche Idee werden immer häufiger für politische Interessen benutzt. 27 afrikanische Nationen drohten 1972 mit der Abreise, falls man Rhodesien trotz seiner Rassentrennungspolitik starten ließ. Das IOC schloß daraufhin Rhodesien aus. In Montreal forderte 1976 der »Oberste Afrikanische Sportrat« den Ausschluß Neuseelands. Der Grund: Eine Rugbymannschaft aus Neuseeland hatte eine Tournee durch Südafrika unternommen. Weil das IOC nicht nachgab, boykottierten daraufhin mehr als 20 afrikanische Mann-

Bei den Spielen von Los Angeles gewann Carl Lewis, ebenso wie Jesse Owens 1936 in Berlin, vier Goldmedaillen.

Nach den Boykottspielen traten erst 1988 wieder Spitzensportler aus Ost und West gegeneinander an; hier Olympiasiegerin Petra Felke, DDR.

Zwölf Jahre nach ihrem Olympiasieg von München gewann Ulrike Meyfarth 1984 wieder Gold.

schaften die Spiele. Schon zuvor hatte der kanadische Staatspräsident Trudeau für einen Skandal gesorgt: Aus politischer Rücksicht auf die Volksrepublik China zwang er die Mannschaft Taiwans zur Abreise.

Als Ende Dezember 1979 sowjetische Truppen in Afghanistan einmarschierten, erklärte der amerikanische Präsident Jimmy Carter: »Dafür müssen sie bezahlen.« So wurde zum Boykott gegriffen, einem Mittel, das wirkungslos verpuffte: Zwar nahmen dreißig Nationen nicht an den Olympischen Spielen von Moskau teil. Die Solidarität unter den westlichen Nationen aber war gering; die Bundesrepublik boykottierte neben den USA als einziges Natoland die Spiele von 1980. Leidtragende waren somit allein die Sportler. Vier Jahre darauf gab es einen Gegenboykott: Zwanzig Staaten blieben 1984 den Spielen

von Los Angeles fern, darunter fast der gesamte Ostblock.

Olympische Spiele sind längst zu einem Forum für fragwürdige Demonstrationen jeder Art geworden. In der Politik wird der Sport, der völkerverbindend sein sollte, als Druckmittel eingesetzt – so trennt er statt dessen die Völker. Was ist aus Pierre de Coubertins Idealvorstellung geworden, nach der die Olympischen Spiele politikfrei und völkerverständigend sein sollen, ein vermittelndes Element zwischen den Nationen?

Mit kraftvollen Zügen holte sich Michael Groß 1984 die Goldmedaille über 100 Meter Delphin.

Acht Läufer kauern sich in die Startblöcke.

Weshalb verlor Ben Johnson seine Goldmedaille?

Ruhe. Dann der Schuß. Geduckt beschleunigen sie die ersten Meter, richten sich dabei langsam auf. Bereits nach zwanzig Metern löst sich einer, auf der Hälfte der Distanz hat er einen Meter Vorsprung. Ungläubig sieht Carl Lewis nach rechts. Und im Ziel angekommen, reckt Ben Johnson einen Finger in die Höhe. Phantastisch die Zeit: 9,79 Sekunden werden auf der Anzeigetafel eingeblendet. Wieder ein neuer Weltrekord. Carl Lewis, der Zweite, lief 9,92 Sekunden. Dreizehn hundertstel Sekunden Unterschied, das entspricht etwa 1,30 Meter Differenz – dazwischen liegen im Sprint Welten.

Drei Tage später zerplatzte der Traum, Ben Johnson war gedopt. Laut Dopinganalyse hatte er ein Uralt-Anabolikum eingenommen – Experten verstanden nicht, warum gerade dieses Mittel, weil es zwischenzeitlich wesentlich wirkungsvollere gab. Über diesen ersten großen olympischen Dopingskandal war die ganze

In Atlanta gewann der Kanadier Donovan Bailey die Goldmedaille über 100 Meter. Seine Zeit: 9,84 Sekunden.

Sportwelt bestürzt – nicht nur Zuschauer, auch Trainer, Funktionäre und die Berichterstatter.

Das Wort Doping, abgeleitet aus dem englischen *to dope,* findet sich bereits seit 1870 in britischen Nachschlagewerken. Zur Erinnerung: Bei den Spielen in St. Louis 1904 war Tom Hicks, der den Marathonlauf gewonnen hatte, zwischendurch von seinem Trainer mehrfach mit einer

Die Spiele von Seoul wurden von einem Skandal überschattet: Ben Johnson, Sieger des 100-Meter-Laufs, mußte wegen Dopings disqualifiziert werden.

Mischung aus einem tausendstel Gramm Strychnin, Brandy und Eiern versorgt worden. Nach dem Sieg hatte sein Trainer verkündet, dieses Doping sei für den Athleten von großem Nutzen.

Ben Johnson kehrte fluchtartig nach Kanada zurück. Dort wurde aus dem Volkshelden ein verachteter Sportler – nicht, weil Johnson gedopt war, sondern weil er sich hatte erwischen lassen.

Die Veranstalter von Olympischen Spielen

Gefährden die Olympischen Spiele die Umwelt?

investieren oft sehr viel Geld, um die Voraussetzungen für einen reibungslosen Ablauf zu schaffen, denn meist müssen Wettkampfstätten, Athletenunterkünfte, Hotels, Straßen und vieles mehr gebaut werden. Nicht immer aber sind solche Baumaßnahmen mit den Interessen der Umwelt zu vereinbaren.

Ein Beispiel dafür waren die Olympischen Winterspiele von 1992 im französischen Albertville, die sich auf dreizehn verschiedene Wettkampforte verteilten und die gigantischer und perfekter sein sollten als alles vorher Dagewesene.

Für diese Spiele wurden unzählige Bäume gefällt, damit Pisten angelegt werden konnten. Häßliche Hotels, die man aus dem Boden stampfte, verschandeln nun die Bergwelt. Felsen wurden gesprengt, um die Bob- und Rodelbahn zu installieren. Für die Kühlung dieser 1800 Meter langen Bahn mit ihren neunzehn Kurven benötigte man überdies hochgiftigen Ammoniak, und die rund 50 Tonnen dieser Chemikalie, die in einem Nachbarort lagerten, machten der Bevölkerung einige Sorgen.

Die Sprungschanzen aus Beton, für deren Bau 5000 Bäume gerodet und 200 000 Kubikmeter Erde bewegt wurden, gerieten den Bauherren so schwer, daß der Berg unter ihrem Gewicht nachgab. Das Erdreich sank um 23 Zentimeter, so daß mit noch mehr Beton ausgebessert werden mußte. Solche Pannen kosten nicht nur viel Geld, sondern sie fügen der Bergwelt auch Schäden zu, die nicht wieder gutgemacht werden können.

Umweltsünden wurden schon in früheren Jahren begangen. Die olympische Sprungschanze von 1968 in Grenoble zum Beispiel war im Unterhalt zu teuer, um sie auch nach den Spielen zu benutzen, das Abreißen war aber auch nicht billiger. So steht das Ungetüm auch heute noch sinnlos in der Landschaft.

An der Ausbeutung der Umwelt sind nicht zuletzt die gewachsenen Ansprüche des Fernsehens und der Sponsoren schuld, die im Namen der Zuschauer in aller Welt »perfekte« Spiele fordern. Über die Probleme von Albertville werden die Planer zukünftiger Olympischer Spiele aber nachdenken müssen, um die Fehler ihrer Vorgänger zu vermeiden. Wenn es gelingt, die Bauwut der Veranstalter zugunsten der Umwelt einzuschränken, wird sicher auch die olympische Idee wieder stärker an Ansehen gewinnen.

Winterspiele 1992: Wohnblöcke in Les Menuires, dem Austragungsort der Slalomrennen.

Die Spiele der Zukunft

Etwa zwei hundertstel Sekunden dauert ein Wimpernschlag.

Kann man mit einem Wimpernschlag bei Olympia gewinnen?

Der Unterschied zwischen Sieger und Besiegtem ist aber manchmal noch viel geringer, wie zum Beispiel 1972 bei den Olympischen Spielen in München im Schwimmen über 400 Meter Lagen. Auf der Anzeigetafel standen zwei Athleten mit der Zeit von 4:31,98 Minuten: Gunnar Larsson aus Schweden

Zielfotos (oben) sind oft entscheidend. Hier der Zieleinlauf eines 100-Meter-Laufs der Männer, den der Amerikaner Carl Lewis gewinnt.

und Tim McKee aus den USA. Aber die elektronische Messung war genauer und zeigte Tausendstelsekunden an. Und danach war Larsson genau zwei tausendstel Sekunden schneller. Das entspricht, auf die 400 Meter Lagen umgerechnet, einem Vorsprung von drei Millimetern. Vielleicht hätte McKee, der über 200 Meter Lagen gleichfalls zweiter hinter Larsson wurde, mit etwas längeren Fingernägeln als erster angeschlagen?

Ähnlich eng geht es in der Leichtathletik zu. Seit 1968 wird auf allen Laufstrecken elektronisch gestoppt. Bei dieser Methode fällt die Reaktionszeit weg, die Zeitspanne also, die der Zeitnehmer nach dem Startschuß benötigt, um die Stoppuhr zu betätigen. Als Folge sind bei der elektronischen Messung alle Zeiten um die Reaktionszeit schlechter: Aus 10,2 Sekunden handgestoppt werden etwa 10,35 bis 10,4 Sekunden elektronisch.

Um noch einmal auf den Wimpernschlag zurückzukommen: Zwei hundertstel Sekunden entsprechen über 100 Meter etwa 20 Zentimetern. Das ist ein doch schon deutlicher Vorsprung, den man auch auf der Zielfotografie erkennen kann.

Die Macht des Fernsehens, das Dopingproblem und immer neue Rekorde bestimmen heute die Olympischen Spiele.

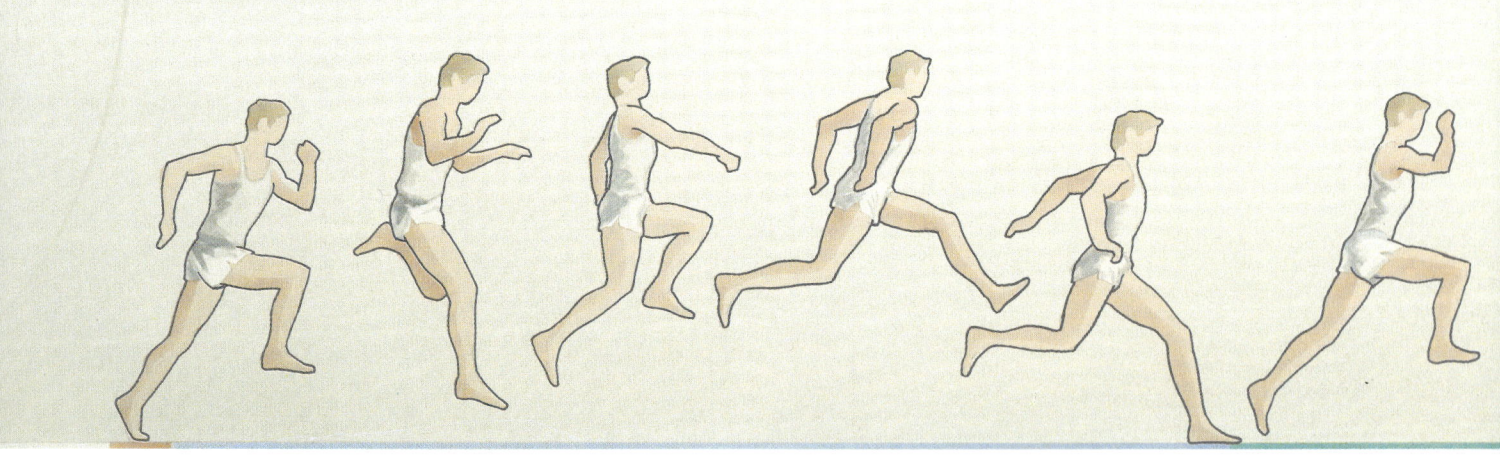

Saied Nosseir stellte 1931 in seinem Heimatland Ägypten mit 400 Kilogramm einen neuen Weltrekord im Dreikampf (Reißen, Drücken und Stoßen) für das

Ist heute ein Kilogramm leichter als früher?

Schwergewicht auf. Vierzig Jahre später, 1971, stand der Rekord bei 640 Kilogramm, erzielt vom sowjetischen Heber Wassili Alexejew.

Seit 1976 gibt es nur noch den olympischen Zweikampf, bestehend aus beidarmigem Reißen und beidarmigem Stoßen. Inzwischen liegen die Ergebnisse im Zweikampf aber schon weit über den 400 Kilogramm Nosseirs im Dreikampf. Und noch verwunderlicher ist, daß wesentlich leichtere Heber als die Superschwergewichtler

Durch Spezialhelm und »Scheibenrad«, also einen verminderten Luftwiderstand, sind auch beim Radrennen neue Rekorde möglich.

Der deutsche Gewichtheber Manfred Nerlinger bei einem gültigen Versuch im Reißen.

im Zweikampf ebenfalls schon die 400-Kilogramm-Marke erreicht haben, so 1980 der Russe Jurik Wardanian in der Klasse bis 82,5 Kilogramm Körpergewicht. Im Jux soll ein früherer Olympiasieger, als man ihn auf die Leistungen seiner Nachfolger ansprach, einmal gesagt haben, ein Kilogramm sei heute wohl leichter als früher.

Wie aber sind die immer neuen Rekorde tatsächlich zu erklären?

Zum einen hängen sie mit der wesentlich verbesserten Technik und dem intensiveren Training zusammen, zum anderen aber auch mit der hervorragenden medizinischen Betreuung der Sportler. Nicht zuletzt spielen heute unerlaubte Dopingmittel eine wichtige Rolle bei der Jagd nach Rekorden. Betrachtet man die Entwicklung der Bestleistungen bei Olympischen Spielen und der Weltrekorde, dann ist man

versucht zu sagen, es gibt kein Ende. Mehr im Spaß hat einmal ein Sprinttrainer geäußert: »0,0 Sekunden auf 100 Meter ist die absolute Grenze. Aber vielleicht geht es mit Rückenwind auch noch etwas schneller.«

Sport kann die schönste Nebensache der

| **Wie gefährlich ist der Olympiasport?** |

Welt sein, wenn man ihn maßvoll betreibt. Aber im Extrembereich ist und bleibt er gefährlich, auch wenn die medizinische Betreuung die Folgen mindern hilft. Führt man sich gewisse Bewegungsabläufe vor Augen, kann man Beanspruchung und Verschleiß nachvollziehen. So bei einem Dreispringer, der nach etwa sechs Metern wieder auf dem Sprungbein landet und erneut abspringt. Abgesehen von der Muskulatur werden Fuß- und Kniegelenke extrem belastet – und der Sportler springt ja nicht nur im Wettkampf. Ein weiteres Beispiel ist die beidhändig geschlagene Vorhand der Tennisspielerinnen, die zu einer extremen Drehung des Oberkörpers führt, oder das Training der Turner und Turnerinnen, das, von der frühesten Kindheit an, eine ständig zunehmende körperliche Belastung und Spätschäden im Erwachsenenalter mit sich bringen kann.

Was jedoch alle diese Gesundheitsrisiken, die Olympiasportler auf sich nehmen, noch erhöht, ist die Leistungsmanipulation mit verbotenen Substanzen, das Doping. Es

Betrachtet man den Bewegungsablauf beim Dreisprung, kann man ermessen, welche Belastung Muskeln und Gelenke verkraften müssen.

gibt viele Formen des Dopings: Da ist zum Beispiel die Einnahme von sogenannten Anabolika, die, über einen längeren Zeitraum hinweg angewendet, muskelaufbauende Wirkung haben. Anabole Steroide, wie man diese künstlichen Geschlechtshormone auch nennt, kommen schon seit

1998 wurde Tara Lipinski mit 15 Jahren eine der jüngsten Olympiasiegerinnen im Eiskunstlaufen.

den Spielen von Melbourne 1956 zum Einsatz. Eigentlich dient dieses Präparat dazu, Operationsfolgen wie Schwäche und Muskelschwund abzumildern. Eine zweite Form des Dopings sind Aufputschmittel, die es dem Athleten im Ausdauerbereich erlauben, über den normalen Erschöpfungspunkt hinaus seine körperlichen Reserven anzugreifen. Als Folge tritt eine kurzfristige Leistungssteigerung ein. Aber durch die vorangegangene Überbeanspruchung kann es dann zu einem tödlichen Leistungsabfall kommen. Zu einer dritten Kategorie von Dopingmitteln gehören die sogenannten Betablocker, die eine pulssenkende, also beruhigende Wirkung haben und zum Beispiel im Schießen eingesetzt werden. Leider wird es immer Sportler geben, die ihren Körper manipulieren und keine Scheu vor extremen Mitteln haben. Gefährlich ist beispielsweise das Somatropin (engl. *Human growth hormon,* »Wachstumshormon«), das bei hoher Dosierung Kinn, Stirn, Nase, Ohren und Handgelenke wachsen läßt. »Akromegalie« nennt man dieses Phänomen. Lügen und Heuchelei verschließen die Augen dafür, daß es auch in unserer Gesellschaft ein Dopingproblem gibt: Schüler nehmen Aufputschmittel, Manager, Ärzte und Politiker dopen sich. Der Sport hält, was das Doping angeht, der Gesellschaft einen Spiegel vor, und wir alle, die wir gedopte Sportler verurteilen, sollten unser eigenes Verhalten einmal überdenken.

Im Turnen und Schwimmen, aber auch im

Warum werden Olympiasieger(innen) immer jünger?

Kunstspringen und Eiskunstlaufen sind ganz besonders die weiblichen Teilnehmer an Olympischen Spielen in den letzten Jahren immer jünger geworden. Kinder werden immer früher an den Leistungssport herangeführt. Ein Grund dafür ist, daß die körperlichen Voraussetzungen für die Bewegungskoordination vor der Pubertät besonders günstig sind. Außerdem haben Kinder im Gegensatz zu Erwachsenen bei schwierigen Übungsteilen eine geringere Angstschwelle zu überwinden. Wenn das Training spielerisch gestaltet wird, treten auch keine Motivationsprobleme auf.
Aber hinter den Kindern stehen oft Eltern,

Weil eine kleinere Partnerin besser gestemmt und weiter geworfen werden kann, sind im Paarlauf die Eiskunstläuferinnen oft sehr jung.

die einen Sportstar aus ihnen machen wollen. Mit Versprechungen und Vergünstigungen, nicht selten aber auch mit Druck halten sie ihre Kinder zum Training an. Die sportlichen Höchstleistungen bringen für die Kinder auch körperliche Probleme: Überdehnte und ausgeleierte Bänder, gestauchte Gelenke, Rückgratverkrümmungen und Haltungsschäden sind ein hoher Preis. Und oft sind die inneren Organe durch überhöhten Medikamentenkonsum geschädigt.
Das Mindestalter für Teilnehmer an Olympischen Spielen liegt heute bei 14 Jahren. In diesem Alter aber hat der Junge oder das Mädchen bereits viele Jahre harten Trainings hinter sich. Die Entwicklung zum reinen Kinderleistungssport wird man nur aufhalten können, indem man die Altersgrenze auf 18 Jahre hinaufsetzt. Auf diese Weise könnte man auch den wachstumshemmenden Substanzen ein Ende bereiten, die ein 15jähriges Kind oft auf dem körperlichen Stand eines 13jährigen halten.

Lange Zeit wurde der sogenannte Amateurparagraph, nach dem ein Olympiateilnehmer mit Sport kein Geld verdienen darf, aufrechterhalten. Coubertin bezeichnete ihn 1925 bereits als »ewige Mumie«, und einige der weltbesten Sportler sind über ihn gestrauchelt: 1913 wurden dem Zehnkämpfer Jim Thorpe sämtliche Medaillen wieder aberkannt, und 1932 wurde der Läufer Paavo Nurmi auf Lebenszeit disqualifiziert.

Dürfen auch Profis bei den Olympischen Spielen starten?

Ursprünglich war die Regelung wohl dazu da, zugunsten der Reichen eine Auswahl unter den Sporttreibenden zu treffen. Wer außer ihnen hätte es sich um die Jahrhundertwende, als noch eine tägliche Arbeitszeit von elf Stunden normal war, schon leisten können, unentgeltlich Zeit für Training und Wettkampf zu opfern?

Nach dem Zweiten Weltkrieg wurde der Amateurparagraph vielfältig umgangen: Mächtig drängten Athleten des Ostblocks, die »Staatsamateure«, auf die Sportbühne. Bei Militär oder Staat angestellt, wurden sie zum Training abkommandiert.

Noch im Jahr 1972 wurde der Österreicher Karl Schranz wegen Verstoßes gegen den Amateurparagraphen disqualifiziert.

Eine der Sportarten, in denen heute Profis starten dürfen, ist das Tennis. Die erste Goldmedaille gewann 1988 Steffi Graf.

Im Westen, in den USA, gab es dafür die Entwicklung zum »College-Amateur«: ein Student, der mit Hilfe eines Stipendiums ausschließlich Leistungssport betreibt. Aber auch die Werbung und Wettkampfveranstalter bezahlen Sportler zunehmend mit Geld.

Heute spricht man offen über die Unsummen, die Carl Lewis erhielt, als er gegen den wieder startberechtigten Ben Johnson antrat. Gleiche Einkommensgrößen weisen alpine Skiläufer auf, die dafür blitzartig ihre Bretter abschnallen, um sie werbewirksam samt Produzentennamen in die Kamera zu halten.

1981 strich das IOC den Amateurparagraphen aus seinen Zulassungsbestimmungen und übertrug die Verantwortung für die Zulassung der Athleten den internationalen Sportverbänden.

Inzwischen dürfen in einigen Sportarten, so im Tennis, Eishockey und ab 1996 im Baseball, offiziell auch Profis starten. In absehbarer Zeit wird es bei den Olympischen Spielen wahrscheinlich keinen Unterschied mehr geben zwischen Profis und Amateuren. Erst dann, so sagen viele, wird sich herausstellen, wer wirklich der Beste auf der Welt ist.

Per Satellit werden heute Großereignisse weltweit ausgestrahlt, einige Sender übertragen rund um die Uhr Sport, lediglich von Werbeblöcken unterbrochen. Wer

Welche Macht haben Medien und Werbung bei Olympia?

am meisten bietet, erhält das Recht, Weltklassetennis aus Wimbledon zu übertragen, ein Formel-1-Rennen oder eben die Olympischen Spiele.

Das Fernsehen bestimmt auch zunehmend den Zeitplan der Spiele. Attraktive Ereignisse werden zu den besten Sendezeiten ausgetragen, wie bei den Spielen 1988 in Seoul. Früh am Morgen mußten dort die Sportler antreten, damit im fernen Amerika den Zuschauern die Ergebnisse zur Hauptsendezeit präsentiert werden konnten.

Die Fernsehübertragungsrechte für Olympische Spiele schnellen in schwindelerregende Höhen: In den letzten dreißig Jahren haben sie sich mehr als vertausendfacht.

Auch die Austragungsorte nehmen natürlich die Gelegenheit wahr, für sich zu werben. Immer größere Bedeutung kommt daher der Eröffnungsfeier zu, denn Bilder wie die aus Los Angeles 1984, als 84 Pianisten in blauen Fräcken auf 84 Flügeln

In Atlanta wurde auch das 100jährige Jubiläum der Spiele der Neuzeit gefeiert.

Gershwins *Rhapsody in Blue* spielten, bleiben haften. Oder das des fliegenden NASA-Menschen mit seinem auf den Rücken geschnallten Antrieb. Alle Austragungsorte wollen etwas Neues, etwas Spektakuläres bieten. Wieder taucht die Frage auf: Wo wird das hinführen?

Olympia-Kommerz: Top-Sponsor Coca-Cola darf weltweit mit den olympischen Ringen werben.

Ein eindrucksvolles Feuerwerk beendete 2002 die Eröffnungsfeier der Winterspiele in Salt Lake City.

Das Olympiagelände in München ist heute ein nicht mehr wegzudenkender Teil der Stadt.

Das Feuer sowie die Fahne mit den fünf Ringen versinnbildlichen die olympische Idee.

Betrachtet man einmal die Entwicklung der Olympischen Spiele seit dem Zweiten Weltkrieg, so stellt man fest, daß das eigentliche Kernstück, der Wettstreit der Athletinnen und Athleten, immer mehr zu einer Randerscheinung geworden ist. Der Ablauf der Spiele wird zunehmend von Werbemanagern und Programmdirektoren beeinflußt; die Sportler haben in der Regel kaum Mitspracherecht.

Sind Olympische Spiele noch zeitgemäß?

Gigantische Stadien werden errichtet, wahre Wunderwerke der Architektur, die später keine Funktion mehr haben oder wieder umgestaltet werden wie 1976 in Montreal. Andere sind zu groß, in der Unterhaltung zu teuer und in der Technik für den Alltagsbetrieb zu aufwendig, so wie es in Seoul der Fall war. Barcelona bildet eine Ausnahme, weil dort eine bestehende Wettkampfstätte den technischen Erfordernissen entsprechend umgebaut wurde, wie übrigens 1984 in Los Angeles auch. Selten können die olympischen Sportstätten so von der Bevölkerung genutzt werden wie die von München. Was jedoch in der Regel bleibt, sind eine verbesserte Infrastruktur, zum Beispiel neue Verkehrsanbindungen, und natürlich ein Imagegewinn für die Stadt und das Ausrichterland. Untrennbar sind ihre Namen und die Olympischen Spiele miteinander verbunden. Olympische Dörfer, ehemals Athletensiedlungen, werden zu Wohnraum umgestaltet. Im Vorgriff bereits in die Stadtsanierung eingeplant wie in Spanien, können solche Einrichtungen sehr sinnvoll sein. Im höchsten Maße fragwürdig ist allerdings die Verschuldung von armen Ländern, nur um das Etikett Olympiastadt vorweisen zu können. Geht die Entwicklung weiter wie bisher, kommen in Zukunft nur noch einige westliche Industrienationen als Ausrichter in Frage.

Selbst wenn es die Spiele einmal nicht mehr oder in anderer Form geben sollte, wird die olympische Idee weiterleben. Der Gedanke Pierre de Coubertins, nach dem sich Sportler aus aller Welt zu einem bestimmten Zeitpunkt an einem Ort versammeln, um sich im fairen Wettkampf in verschiedenen Sportarten zu messen, wird seine Faszination auch in Zukunft behalten.

Anhang

Olympische Spiele der Neuzeit auf einen Blick

Jahr	Sommerspiele	Winterspiele
1896	Athen	
1900	Paris	
1904	St. Louis	
1908	London	
1912	Stockholm	
1920	Antwerpen	
1924	Paris	Chamonix
1928	Amsterdam	Sankt Moritz
1932	Los Angeles	Lake Placid
1936	Berlin	Garmisch-Partenkirchen
1948	London	Sankt Moritz
1952	Helsinki	Oslo
1956	Melbourne/Stockholm	Cortina d'Ampezzo
1960	Rom	Squaw Valley
1964	Tokio	Innsbruck
1968	Mexiko City	Grenoble
1972	München	Sapporo
1976	Montreal	Innsbruck
1980	Moskau	Lake Placid
1984	Los Angeles	Sarajevo
1988	Seoul	Calgary
1992	Barcelona	Albertville
1994*		Lillehammer
1996*	Atlanta	
1998		Nagano
2000	Sydney	
2002		Salt Lake City
2004	Athen	
2006		Turin
2008	Beijing	

*Ab 1994 werden die Olympischen Winter- und Sommerspiele jeweils zwei Jahre versetzt ausgetragen.

Die erfolgreichsten Medaillengewinner seit 1896

	Name (Zeitraum)	Land**/Sportart	G	S	B
1.	Ray C. Ewry (1900–08)	USA/Leichtathletik	10*		
2.	Larissa Latynina (1956–64)	URS/Kunstturnen	9	5	4
3.	Paavo Nurmi (1920–28)	FIN/Leichtathletik	9	3	
4.	Mark Spitz (1968–72)	USA/Schwimmen	9	1	1
5.	Carl Lewis (1984–96)	USA/Leichtathletik	9	1	
6.	Björn Dæhlie (1992–98)	NOR/Skilaufen	8	4	
7.	Sawao Kato (1968–76)	JPN/Kunstturnen	8	3	1
8.	Matt Biondi (1984–92)	USA/Schwimmen	8	2	1
9.	Nikolai Andrianow (1972–88)	URS/Kunstturnen	7	5	3
10.	Boris Schachlin (1956–64)	URS/Kunstturnen	7	4	2
11.	Vera Cáslavská (1960–68)	TCH/Kunstturnen	7	3	1
12.	Aladar Gerevich (1932–60)	HUN/Fechten	7	4	
13.	Viktor Tschukarin (1952–56)	URS/Kunstturnen	7	3	1
14.	Birgit Fischer (1980-2000)	FRG/Kanusport	7	3	
15.	Edoardo Mangiarotti (1936-60)	ITA/Fechten	6	5	2
16.	Hubert van Innis (1900-20)	BEL/Bogenschießen	6	3	
17.	Ljubow Jegorowa (1992-94)	URS/GUS/RUS/ Langlauf	6	3	
18.	Akinori Nakayama (1968-72)	JPN/Kunstturnen	6	2	2
19.	Gert Frederiksson (1936-60)	SWE/Kanusport	6	1	1
20.	Rainer Klimke (1964-86)	FRG/Reiten	6		2

* Einschließlich der Zwischenspiele in Athen 1906.
** Länderabkürzungen: BEL – Belgien; FRG – Bundesrepublik Deutschland (seit 1964);
   GUS – Gemeinschaft Unabhängiger Staaten; HUN – Ungarn; ITA – Italien; JPN – Japan;
   NOR – Norwegen; RUS – Russland; SWE – Schweden; TCH – Tschechoslowakei; URS – Sowjetunion.
   Diese Tabelle ist entlehnt an: Chronik des Sports. Dortmund 1990. S. 982.

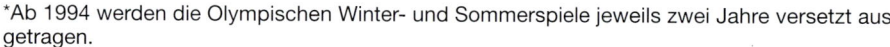

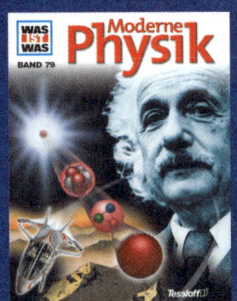

Moderne Physik
BAND 79

Tiere wie sie sehen, hören und fühlen
BAND 80

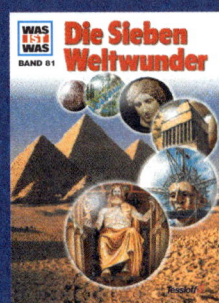

Die Sieben Weltwunder
BAND 81

Gladiatoren
BAND 82

Höhlen
BAND 83

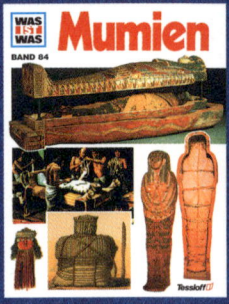

Mumien
BAND 84

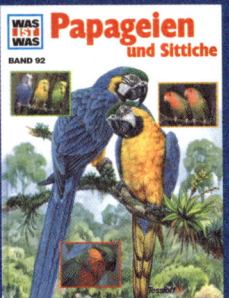

Papageien und Sittiche
BAND 92

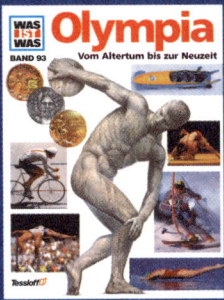

Olympia Vom Altertum bis zur Neuzeit
BAND 93

SAMURAI Ritter des Fernen Ostens
BAND 94

Haie und Rochen
BAND 95

Schatzsuche Verschollene und gefundene Schätze
BAND 96

Hexen und Hexenwahn
BAND 97

Wölfe
BAND 104

Weltreligionen
BAND 105

Burgen
BAND 106

Pinguine
BAND 107

Das Gehirn
BAND 108

Das alte China
BAND 109